AF591976

34555

DÉPÔT LÉGAL
Seine
1857

DENTU, LIBRAIRE-ÉDITEUR
13, GALERIE VITRÉE (PALAIS-ROYAL)

DES DÉLITS ET DES PEINES

EN MATIÈRE

DE

FRAUDES COMMERCIALES

DENRÉES ALIMENTAIRES ET BOISSONS

BIBLIOTHÈQUE IMPÉRIALE

Guide pratique du Vendeur et de l'Acheteur

PAR

VICTOR EMION

Avocat à la Cour impériale de Paris,
Rédacteur de *l'Écho agricole*, pour la partie judiciaire,
Auteur du *Traité de la Législation des Céréales*

Un volume in-18. — Prix : 1 fr. 50 cent.

Ce *Guide pratique* contient en peu de mots l'interprétation que doivent recevoir les lois des 27 mars 1851 et 5 mai 1855, relatives, soit aux tromperies sur la quantité et sur la nature de toutes marchandises, soit à la falsification et à la corruption des substances alimentaires et des boissons.

Ces lois, si peu connues et si constamment appliquées, avaient besoin d'un commentaire à la fois concis et complet qui permît à tous, vendeurs et acheteurs, de savoir quels sont leurs droits et leurs devoirs respectifs.

1857

Cet ouvrage est donc nécessaire à tous ceux qui vendent et à tous ceux qui achètent, à tous ceux qui veulent éviter de commettre un acte coupable, comme à tous ceux qui ont intérêt à découvrir la fraude.

Voici d'ailleurs la table des matières qui, mieux que toute réflexion, saura faire apprécier l'utilité du livre.

Paris. — Typ. de Mme Ve Doudey-Dupré, rue Saint-Louis, 46, au Marais.

DES
FRAUDES COMMERCIALES.

PARIS
IMPRIMERIE DE L. TINTERLIN ET Ce,
RUE NEUVE-DES-BONS-ENFANTS, 3.

DES DÉLITS ET DES PEINES

EN MATIÈRE

DE

FRAUDES COMMERCIALES

DENRÉES ALIMENTAIRES ET BOISSONS

GUIDE PRATIQUE

DU VENDEUR ET DE L'ACHETEUR

PAR

VICTOR ÉMION

AVOCAT A LA COUR IMPÉRIALE DE PARIS

Rédacteur de la Revue agricole pour la partie judiciaire, et auteur du Traité

SUR LA LÉGISLATION DES CÉRÉALES.

BIBLIOTHÈQUE IMPÉRIALE

PARIS

E. DENTU, LIBRAIRE-ÉDITEUR

GALERIE D'ORLÉANS, 13.

1857

Droits de reproduction et de traduction réservés.

PRÉFACE.

Le *Guide pratique* que nous publions aujourd'hui, n'est qu'un traité élémentaire de la Législation, en ce qui concerne les caractères et la répression des fraudes commerciales.

Mais, quelque modeste que soit notre œuvre, elle ne sera pas, nous l'espérons du moins, sans utilité pratique, si nous avons atteint le but que nous nous proposions : celui d'éclairer les vendeurs et les acheteurs sur leurs droits et leurs devoirs respectifs.

Dévoué au bien public comme tout bon citoyen, nous détestons les tromperies mercantiles; d'un autre côté, nous sommes habitué, par notre profession même, à défendre les intérêts légitimes des particuliers, et nous pensons que l'intérêt général ne peut manquer de souffrir, chaque fois que l'intérêt privé subit un préjudice non mérité.

C'est guidé par cette double pensée que nous avons rédigé notre travail. Puisse-t-il, en jetant un peu de lumière sur les matières dont nous nous sommes occupé, assurer la punition des coupables et la sécurité des innocents!

La nature de notre ouvrage nous imposait la division que nous avons adoptée.

Nous avions à traiter trois sujets différents, qui font l'objet des *trois premiers* titres.

Tromperie sur la quantité de toutes marchandises; tromperie sur la nature de toutes marchandises; falsification et vente ou tentative de vente de substances ou denrées alimentaires et de boissons falsifiées ou corrompues.

Nous avons dû, dans chacun de ces titres spéciaux, étudier successivement les caractères constitutifs du délit et la répression prononcée par la loi.

Enfin un *quatrième* titre contient le texte des lois et décrets applicables aux matières que nous avons analysées à grands traits.

INTRODUCTION.

La fraude en matière commerciale a malheureusement existé de tout temps.

« Avoir deux poids, disait la Bible, est une abomination devant le Seigneur ; la balance trompeuse n'est « pas bonne » (1).

A Rome, les fraudes sur la quantité étaient souvent accompagnées de fraudes sur la qualité, et du temps de Pline, on se défiait déjà de certains vins de la Gaule Narbonnaise.

Enfin, dans notre ancien droit français, on rencontre de nombreuses dispositions concernant la fraude sur la quantité et la falsification.

Il est défendu sous les peines les plus sévères de tromper, soit sur la quantité, soit sur la qualité, d'exposer en vente des objets de nourriture falsifiés ou corrompus, et de détenir aucune matière propre à opérer la falsification. Le boulanger, le boucher, le charcutier, le débitant de boissons sont activement surveillés et punis, comme le dit Mouyard de Vouglans, « selon le degré de

(1) *Proverbes*, chap. XX, v. 23. — Voir aussi *Deutéronome*, chap. XXV, v. 13 et suiv.

malice, » de la fustigation, du bannissement, d'autres peines plus sévères encore, et même de la mort.

C'était là un excès et un danger, car la trop grande sévérité d'une loi criminelle ne peut être d'aucun secours pour la morale publique.

L'Assemblée Constituante de 1789 comprit qu'il fallait réprimer les fraudes sans tomber dans l'erreur des siècles passés.

Elle punit d'une amende de 1,000 livres au plus et d'un emprisonnement pouvant s'élever jusqu'à une année, toute personne convaincue d'avoir vendu des boissons falsifiées par des matières nuisibles à la santé; d'un autre côté, elle frappa tout individu convaincu d'avoir exposé en vente des comestibles gâtés, corrompus ou nuisibles, d'une amende égale au tiers de la contribution mobilière du délinquant (1).

Depuis cette époque, le Code pénal a toujours réprimé ces délits, mais en leur infligeant des peines différentes.

Enfin, lorsque fut rendue la loi du 27 mars 1851 tendant à la répression plus efficace de certaines fraudes dans la vente des marchandises, les dispositions légales applicables à ce délit formaient les art. 318, 423, 475 § 6 et 14 du Code pénal.

La tromperie sur la quantité était punie comme délit par l'art. 423, d'un emprisonnement de trois mois à un an, et d'une amende qui ne pouvait excéder le quart des dommages-intérêts, ni être au-dessous de 50 francs.

La tromperie sur la nature était également frappée comme délit, par le même article, de peines identiques.

La falsification portant sur les substances alimentaires

(1) Loi du 19 juillet 1791, titre Ier, art. 20, et titre II, art. 38.

solides n'était punie que dans le cas où elle changeait la nature de la marchandise vendue ; en effet, aucune disposition pénale ne réprimait la falsification changeant la qualité seulement.

La falsification des boissons était, au contraire, punie dans tous les cas, qu'elle fût nuisible ou non. L'art. 475 § 6 frappait d'une amende de 6 à 10 fr. le fait de vendre ou débiter des boissons falsifiées ; et l'art. 318 prononçait un emprisonnement de six jours à deux ans, et une amende de 16 fr. à 500 fr., lorsque la boisson falsifiée contenait des mixtions nuisibles à la santé.

Quant à l'exposition en vente de comestibles gâtés, corrompus ou nuisibles, elle était frappée comme simple contravention d'une amende de 6 à 10 fr.

Ces dispositions éparses dans le Code pénal n'avaient, les unes avec les autres, aucun lien direct et ne satisfaisaient qu'imparfaitement l'intérêt général.

Elles frappaient d'une peine trop peu sévère la falsification des boissons (6 à 10 fr. d'amende) avec des matières non nuisibles à la santé, et ne réprimaient la falsification portant sur les substances alimentaires solides, que dans le cas où cette falsification changeait la nature de l'objet vendu.

Ces lacunes dans la loi avaient le grave inconvénient de mettre le juge dans une alternative pénible : celle de laisser impuni un fait éminemment coupable au point de vue moral, ou de forcer le sens des termes de l'art 423 pour arriver à justifier une condamnation.

Aussi, dès 1838, la Chambre des Députés fut-elle saisie d'une pétition ayant pour but de réglementer ces matières spéciales ; mais elle n'obtint pas le résultat qu'on pouvait en attendre.

En 1848, l'Assemblée Constituante fut à son tour saisie d'une proposition analogue. Les questions qu'elle soulevait furent examinées; des projets de loi furent préparés et devinrent les lois des 27 mars 1851 et 5 mai 1855.

D'après les dispositions aujourd'hui en vigueur, les peines de l'art. 423 sont applicables :

1° A la falsification des substances alimentaires solides, des substances alimentaires liquides, et des boissons;

2° A la vente ou mise en vente des substances alimentaires ou médicamenteuses et des boissons que l'on sait être falsifiées ou corrompues;

3° A la tromperie sur la nature, et à la tromperie sur la quantité de toutes marchandises.

D'un autre côté, pour prévenir ces différents délits, la loi punit la détention illégitime de poids et mesures faux, d'appareils inexacts servant au pesage ou au mesurage, enfin de substances alimentaires médicamenteuses et de boissons que l'on sait être falsifiées ou corrompues.

Les lois de 1851 et de 1855 sont un progrès incontestable et l'on ne saurait trop approuver le but du législateur.

Il y a même dans l'ensemble de la loi de 1851 des principes qui témoignent hautement du sentiment d'équité de notre époque.

Ainsi le législateur, élevant la falsification à la hauteur d'un délit, a voulu innocenter le fait matériel dénué de toute intention frauduleuse.

Ainsi encore, il a admis le détenteur de faux poids et de fausses mesures, de substances alimentaires ou médicamenteuses et de boissons falsifiées ou corrompues, à présenter les motifs légitimes d'une détention justement regardée comme suspecte.

La loi nouvelle est donc bonne en principe, dans l'intérêt de la moralité publique et dans celui, non moins respectable, de la classe peu aisée.

Personne plus que nous ne déteste la fraude qui compromet le commerce honnête et n'a pour mobile qu'une basse cupidité. Aussi applaudissons-nous vivement aux efforts faits par le législateur pour réprimer les tromperies mercantiles.

Mais à côté de ces éloges que nous dicte notre conscience, nous devons faire quelques observations sur les inconvénients que présente la législation spéciale, aujourd'hui en vigueur. Un des plus graves défauts de cette législation est de se composer encore de plusieurs lois distinctes, éloignées de date et perdues, pour la plupart des justiciables, dans le dédale de nos lois innombrables.

Ce défaut capital, selon nous, a pour conséquence de créer des anomalies regrettables entre les différentes parties de cette législation spéciale qui devrait être une et homogène.

Ainsi, pour n'en citer qu'un exemple, la tentative du délit de tromperie sur la quantité et la tentative du délit de vente d'objets que l'on sait falsifiés ou corrompus, sont punies comme ces délits eux-mêmes par la loi de 1851, tandis que la tentative du délit de tromperie sur la nature n'est pas réprimée par l'art. 423 qui frappe seulement le délit consommé de tromperie sur la nature.

Si l'art. 423 du Code pénal, la loi du 27 mars 1851 et celle du 5 mai 1855 avaient été fondus en une seule et même loi, une pareille anomalie n'aurait pas été assurément consacrée par le législateur.

Ces inconvénients prouvent assez quel avantage présenterait une refonte générale de nos lois, dans le but de ne conserver qu'une loi pour chaque matière spéciale.

Que de discussions aujourd'hui sur la question de savoir si telle ou telle disposition d'une loi ancienne est encore en vigueur ou se trouve, au contraire, abrogée par la loi nouvelle! Que devient, dans le domaine des faits, cet axiome : *Que personne n'est censé ignorer la loi!* Ne revenons-nous pas, bien involontairement, au siècle où certaines classes de la société pouvaient seules avoir la clef de la science du droit ?

Ces observations, que nous espérons voir un jour adoptées et mises en pratique par les gouvernements de tous les pays, sont déjà l'objet des préoccupations des législateurs étrangers.

Elles ont été notamment présentées au Sénat de Belgique lors de la discussion de la dernière loi belge sur les falsifications, dans le rapport des commissions de l'intérieur et de la justice réunies : « Vos commissions réu-« nies de l'intérieur et de la justice ont reconnu, dit ce « rapport, que les dispositions du Code pénal et des lois « spéciales présentaient, relativement à la falsification « des substances alimentaires, des lacunes qu'il importe « de combler, dans l'intérêt de la santé publique et de la « sincérité des transactions; mais elles ont en même « temps regretté que les travaux du Code pénal ne soient « pas assez avancés, pour permettre d'y placer les dis-« positions nouvelles qui nous sont proposées, et pour « empêcher ainsi de voir augmenter encore le dédale « déjà si compliqué de notre législation (1). »

A côté de ce premier défaut de la loi, provenant d'un

(1) Rapport lu au Sénat, dans la séance du 7 mars 1856.

***

manque complet d'homogénéité, s'en présente, selon nous, un second non moins grave.

Ne peut-on pas, en effet, reprocher à la loi de livrer, sans un contrôle scientifique bien certain, le prévenu de falsification aux difficultés d'une prévention correctionnelle!

Assurément nous savons mieux que personne avec quelle impartialité le ministère public exerce ses difficiles fonctions ; nous savons que nous sommes toujours sûrs de trouver en lui, dans les affaires correctionnelles et criminelles, un adversaire loyal et désintéressé.

Mais les matières spéciales dont nous nous occupons, ont une telle importance, que le ministère public peut se laisser entraîner par l'intérêt qu'il est chargé de sauvegarder. « Attendu, (dit un arrêt de la Cour de Nancy, « acquittant un prévenu que le Tribunal correctionnel « avait condamné), que si le devoir de l'administration « est de rechercher avec vigilance comme elle l'a fait, « toutes les infractions qui touchent à la santé publique « et à l'alimentation des classes pauvres, celui des ma- « gistrats est d'apprécier, sans se laisser entraîner aux « préoccupations du moment, si les faits dénoncés ren- « trent dans l'application des lois spéciales (1). »

C'est là un danger que l'on ne saurait, selon nous, éviter avec trop de soin.

Pour y parvenir, il faudrait que toute prévention fût basée sur une présomption de culpabilité, c'est-à-dire sur un élément d'appréciation scientifique aussi certain que possible.

Quelques personnes proposent : que des commissions

(1) Arrêt du 16 janvier 1854. (*Écho agricole* du 12 avril 1855.)

composées des savants et des praticiens les plus honorables soient chargés d'examiner toutes les denrées alimentaires et boissons saisies comme suspectes de falsification ou de corruption.

D'autres voudraient qu'aucune poursuite ne pût avoir lieu dans ces matières spéciales, sans que les tribunaux de commerce aient été, au préalable, saisis de la question.

Nous avons, pour notre part, repoussé ce dernier système qui aurait l'inconvénient de rendre l'action publique essentiellement dépendante de l'action privée, et d'assurer ainsi dans beaucoup de cas l'impunité des coupables (1).

Mais il est évident que tous les esprits sérieux doivent se préoccuper de l'état de choses actuel.

Aujourd'hui, le plus grand nombre des préventions relatives, soit à la falsification, soit à la corruption, ont pour base l'avis émis par des pharmaciens ou des médecins de village. Ces hommes consciencieux, mais rarement habiles, sont appelés à juger des questions de chimie tellement délicates qu'elles embarrassent quelquefois les savants les plus consommés; ils émettent leur opinion, très-souvent erronée, avec une facilité désespérante, sans se douter des injustices qu'ils peuvent faire commettre et du tort qu'ils causent à la chose publique.

Aussi ne saurait-on se montrer trop circonspect dans la poursuite des délits de falsification et de vente d'objets falsifiés et corrompus.

Rien n'est plus facile que de confondre un mélange

(1) Voir nos réflexions sur ce sujet. (*Echo agricole* des 7 et 20 juillet 1856.)

défendu avec un mélange autorisé et même utile ; rien n'est plus facile que de croire à l'existence d'une matière étrangère lors même qu'il n'y en a pas. A Toulon, par exemple, un marchand fut condamné pour falsification de lait par addition de 50 p. 100 d'eau. De l'examen nouveau fait par suite de l'appel du prévenu, il résulta qu'il n'y avait aucune addition d'eau ; l'erreur était venue en première instance de ce que le lait soumis à l'analyse ne se trouvait pas encore complétement à l'état froid.

De même dans les farines de 2e, de 3e et surtout de 4e qualités, on confond trop souvent la falsification avec la défectuosité naturelle d'une marchandise vendue à bas prix.

« Attendu, dit un arrêt de la Cour de Lyon, que les « farines soumises aux experts étaient des farines de 3e « et de 4e qualités, produits excessivement inférieurs qui « ne se vendent qu'à un prix très-bas, comparativement « aux farines de 1re et 2e qualités ; qu'en général, elles ne « sont point destinées à la panification, et ne sont que « des résidus de mouture destinés essentiellement à l'en- « grais des bestiaux » (1).

Il faut donc se garder de croire que la poursuite des délits de falsification soit facile à exercer, et nous reconnaissons volontiers dans quel embarras doit souvent se trouver le ministère public.

Mais il faut aussi comprendre combien il serait dan-

(1) *Echo agricole* du 7 mai 1856. — Dans l'espèce, le prévenu avait été condamné par le Tribunal de police correctionnelle à deux mois d'emprisonnement pour avoir falsifié des substances et denrées alimentaires destinées à être vendues, ou tout au moins pour avoir mis en vente ces substances, sachant qu'elles étaient falsifiées.

gereux d'écouter trop facilement les plaintes de ceux qui se prétendent lésés.

Les mouvements de hausse et de baisse qui font varier à chaque instant le prix de certaines denrées, des blés et des farines, par exemple, font souvent désirer à l'acheteur de pouvoir se dégager d'un marché qui devient onéreux.

Aussi se hâte-t-il, en ce cas, lorsqu'il n'est pas loyal, de dénoncer une prétendue falsification qui lui permet de ne pas prendre livraison de la marchandise achetée par lui. Aujourd'hui l'acheteur déloyal devient d'autant plus volontiers dénonciateur qu'il ne court aucun risque. En effet, lors même qu'il y a acquittement. il ne supporte aucun frais, le procès étant fait à la requête du ministère public. Peut-être vaudrait-il mieux que tout dénonciateur fût obligé de se porter partie civile, et de payer les frais en cas d'acquittement du prévenu. Cette mesure éviterait le scandale des dénonciations intéressées et déloyales.

Souvent même il ne craint pas de lancer une dénonciation après avoir pris livraison et mis la marchandise dans ses magasins; il espère arriver par ce moyen à éviter ou, tout au moins, à retarder le paiement.

Ce sont là des dangers malheureusement trop réels et que l'on doit, à tout prix, écarter.

Pour cela, il faut poser en principe que toute marchandise non plombée et prise en livraison par l'acheteur, ne peut plus faire l'objet d'une prévention de falsification, l'identité de la marchandise ne pouvant plus être établie d'une manière incontestable; il faut aussi, et dans toute poursuite, étudier la moralité du plaignant, son honorabilité commerciale et le but véritable de sa dénonciation.

C'est aux parties intéressées à soutenir ces principes d'ordre et de moralité publics qu'ils seront toujours sûrs de faire adopter par les tribunaux. La loi de 1851 ne saurait tourner au profit des acheteurs de mauvaise foi contre les vendeurs loyaux et honnêtes ; la loi faite pour punir les fraudes ne servira jamais à consacrer de telles immoralités.

D'un autre côté, une dénonciation, même faite de bonne foi, mais donnant lieu à une prévention correctionnelle, puis à un acquittement, est à la fois, et un malheur privé et un malheur public.

Elle est un malheur privé au point de vue moral et au point de vue pécuniaire pour celui qui en est l'objet.

Au point de vue moral ; car le marchand est atteint, par une telle prévention, dans son honneur et dans sa réputation personnelle.

Au point de vue pécuniaire, il est frappé aussi, car une prévention, même injuste, éloigne de lui le public ; il voit ses marchandises saisies, ses acheteurs lui en refuser le paiement; il supporte les frais considérables d'un procès allant le plus souvent jusqu'au second degré, et ne retrouve, après son acquittement, qu'une marchandise considérablement détériorée, sinon perdue.

Mais si l'intérêt particulier des prévenus innocents est ainsi compromis, l'intérêt général éprouve, lui aussi, un préjudice dont il est impossible de méconnaître la gravité.

Dans le commerce des grains, par exemple, des préventions trop nombreuses, si elles ne se trouvent plus tard justifiées par les données de la science, ont pour résultat inévitable de démoraliser le commerce et, par conséquent, d'augmenter l'intensité des crises alimentaires.

En effet, on peut avec raison redouter que la crainte d'une poursuite correctionnelle n'éloigne de ce négoce celui qui se montre justement soucieux de sa réputation d'honnête homme. Ce dernier, en se retirant, cède la place à des hommes qui, moins craintifs et moins scrupuleux, apportent dans leurs affaires un caractère de déloyauté essentiellement nuisible à l'alimentation publique.

En résumé :

Nous ne saurions trop applaudir au but des lois de 1851 et de 1855.

Rien n'est plus immoral et plus odieux de la part du marchand, que de tromper sur la quantité, sur la nature ou sur la qualité de la marchandise vendue, le consommateur peu aisé qui amasse péniblement de quoi nourrir sa famille.

Le boulanger qui ne donne pas à l'acheteur le poids réellement dû ; le boucher et le charcutier qui cherchent à écouler des viandes corrompues ; le marchand de vin qui falsifie son vin, méritent un châtiment sévère. Souvent même ils commettent une action d'autant plus odieuse que leurs tromperies mercantiles pèsent surtout sur la classe pauvre.

La loi de 1851 est donc un bienfait pour l'humanité et tout homme de cœur ne peut que s'applaudir du noble but par lequel a été guidé le législateur.

Mais nous croyons qu'il reste quelque chose à faire pour rendre la loi française d'une application plus facile et plus rigoureusement équitable. Cette loi, excellente en principe, n'a peut-être pas été l'objet d'une discussion assez approfondie de la part de l'Assemblée législative.

Nous croyons surtout que l'application d'une telle loi est essentiellement délicate et que les poursuites en cette matière ne sauraient être faites avec trop de circonspection.

Cette opinion n'est pas seulement la nôtre; nous la trouvons exprimée par le ministre de la justice, lors de la discussion, au Sénat de Belgique, de la dernière loi sur les falsifications. « Il ne faut pas, disait-il, perdre de vue « que les lois de cette espèce peuvent facilement, dans « l'exécution, donner lieu à certains abus, voire même « dégénérer en certaines mesures vexatoires. »

« Il faut, Messieurs, quand la législature change pro- « fondément un état de choses que le temps, l'usage, « l'habitude ont consacré, il faut alors apporter tous les « ménagements possibles à l'exécution des mesures ré- « pressives, sinon on se heurterait à un péril très-grave, « celui de provoquer, à côté de poursuites quelquefois « intempestives, l'impopularité de la loi elle-même, et « l'on manquerait ainsi complétement le but qu'on se « propose. »

TITRE PREMIER.

Tromperie sur la quantité de toutes marchandises.

CHAPITRE PREMIER.

DÉTENTION DE FAUX POIDS ET DE FAUSSES MESURES.

SOMMAIRE.

N. 1. — Pénalité de la détention sans motifs légitimes de poids et mesures faux.
N. 2. — Raison de la sévérité de la loi actuelle.
N. 3. — Dans ce délit, la culpabilité se présume.
N. 4. — Les cas d'excuse sont rares. — Exemple.
N. 5. — Distinction entre les poids et mesures faux, et les poids et mesures irréguliers ou non poinçonnés.
N. 6. — Résumé.

1. — La loi du 27 mars 1851, dont nous avons à nous occuper, punit d'une amende de seize francs à vingt-cinq francs et d'un emprisonnement de six à dix jours, ou de l'une de ces deux peines seulement : « Ceux qui, sans motifs légitimes, « auraient dans leurs magasins, boutiques, ateliers « ou maisons de commerce, ou dans les halles, « foires ou marchés, des poids ou mesures faux,

1

« ou autres appareils inexacts servant au pesage « ou au mesurage. » (Art. 3).

Ce fait était auparavant puni, comme simple contravention, par l'art. 479 du Code pénal; mais alors il ne pouvait être excusé, le principe général de nos lois répressives étant: que toute contravention est punissable du moment où le fait qui la constitue est établi.

Le législateur a pensé qu'un tel fait pouvait être excusé dans certains cas; il a pensé qu'il pouvait y avoir des motifs légitimes pour le prévenu d'avoir en sa possession des poids ou mesures faux. Il se peut, en effet, que le détenteur d'un instrument inexact en ignore le vice, ou qu'il puisse trouver une excuse dans l'usage général auquel il avait cru pouvoir se conformer.

2.—Mais, après avoir donné au prévenu le droit de se justifier, le législateur devait se montrer plus sévère vis-à-vis de celui qui ne pourrait y parvenir, la détention non excusée de faux poids ou de fausses balances ayant très-probablement pour but de tromper lors de la vente, sur la quantité de la marchandise; aussi voyons-nous, que d'après la disposition de la loi nouvelle, le fait est élevé à la hauteur d'un délit et frappé d'une peine correctionnelle, d'une amende de plus de 15 fr., et d'un emprisonnement de plus de cinq jours. « Si l'on a, dit M. Riché dans son Rapport, des

« poids et mesures faux, c'est-à-dire trompeurs, « à portée du siége de la vente, cette possession, « punie aujourd'hui de peines de simple police, a « paru à votre Commission devoir être réprimée un « peu plus sévèrement. Elle n'est pas, sans doute, « mise sur la même ligne que l'usage des faux « poids; mais elle est le dangereux véhicule de « cet usage, et ne s'explique guère que comme « préliminaire de cet usage; en le frappant, « on préviendra souvent cet usage, difficile à « saisir. »

3. — Il résulte, selon nous, du texte et de l'esprit de l'art. 3 de la loi, que c'est au prévenu à établir son excuse, c'est-à-dire les motifs légitimes d'une détention justement regardée comme suspecte. La détention, chez un marchand, de faux poids ou de fausses mesures, doit évidemment faire présumer que le marchand compte en faire usage dans sa vente journalière pour tromper continuellement ses acheteurs sur la quantité des marchandises vendues par lui. Ici, et par exception, le fait une fois établi fait présumer sa mauvaise foi; c'est au prévenu à prouver sa bonne foi (1).

4. — Nous devons dire qu'il existe bien rarement des motifs légitimes d'excuse.

(1) Voir, n° 102, même présomption à l'égard du délit de détention de substances et boissons falsifiées ou corrompues.

Il ne suffirait pas, par exemple, pour le commerçant muni de poids ou mesures faux, de soutenir qu'il tient compte à chaque pesage de la différence résultant de l'irrégularité de l'appareil employé. Le fait, fût-il vrai et établi pour un grand nombre de marchés, ne suffirait pas comme excuse, la loi ayant voulu éviter toute possibilité de frauder. La Cour de Bourges l'a ainsi décidé par arrêt du 9 avril 1853, approuvé avec raison sans réserve par M. Dalloz (1).

5. — Mais si la loi a voulu punir sévèrement la détention de poids et mesures faux, elle n'a pas entendu pour cela frapper comme un délit, la détention de poids et mesures seulement *illégaux* ou *non poinçonnés*. « Attendu, dit sur ce point im-
« portant la Cour de cassation, dans un arrêt du
« 26 août 1852, que si l'art. 3 de la loi du 27 mars
« 1851 prononce des peines correctionnelles con-
« tre ceux qui, sans motifs légitimes, auront dans
« leurs magasins, boutiques, ateliers ou maisons
« de commerce, ou dans les halles, foires et
« marchés, des poids et mesures faux, et si l'art.
« 9 de la même loi déclare abrogé l'art. 479 C.
« pén, ces dispositions ont pour objet, non de
« faire observer le système métrique, mais de
« réprimer les fraudes dans les ventes de mar-

(1) *Recueil périodique*, 1853, 2, 225, note 1.

« chandises. Attendu qu'il en résulte que la sim-
« ple détention de mesures non décimales ou de
« mesures décimales non poinçonnées par l'ad-
« ministration, assimilée à leur emploi par l'art.
« 4 de la loi du 4 juillet 1837, rentre dans l'ap-
« plication du n° 6 de l'art. 479, C. pén. (1). »

6. — En résumé :

La détention sans motifs légitimes, de poids et mesures faux, dans des magasins, boutiques ou ateliers, ou dans les halles, foires et marchés, est prévue par l'art. 3 de la loi du 27 mars 1851 ; elle constitue un délit puni d'une amende de 16 fr. à 25 fr. et d'un emprisonnement de six à dix

(1) Cour de cassation, 11 décembre 1851 (Devil. et Car., 1852, 1, 275) ; — 23 janvier 1852 (Devil. et Car., 1851, 1, 276) ; — 29 mai 1852.

Rapport de M. Riché sur l'art. 1er, n° 3, et sur l'art. 3.

Nous avons examiné, dans l'*Écho agricole* du 10 mai 1855, quelle application devaient recevoir les art. 3 et 4 de la loi du 4 juillet 1837, et nous avons démontré que cette loi s'applique exclusivement aux commerçants. Il est même à remarquer que ces derniers ne sont pas toujours soumis à l'application des articles précités de la loi de 1837. Ainsi, d'après un arrêt de la Cour de cassation, en date du 28 juin 1855 (Devil. et Car., 1855, 1, 674) : « La détention de poids et mesures illégaux n'est punissable que « si ces poids et mesures peuvent servir à l'exercice de la pro- « fession ou du commerce du détenteur, ou, encore, s'ils sont « saisis dans les halles, foires et marchés ; mais il n'en saurait « être ainsi, lorsque ces poids et mesures sont complétement « étrangers au commerce des détenteurs. » — Voir aussi arrêt de la Cour de cassation, du 14 avril 1855.) — (Devil. et Car., 1855, 1, 397.)

jours ou de l'une de ces deux peines seulement.

La détention de poids et mesures exacts, mais non décimaux ou décimaux non poinçonnés, est prévue par l'art. 479 § 6 du Code pénal : elle constitue une simple contravention punie d'une amende de 11 à 15 fr.

CHAPITRE II.

TENTATIVE DE DÉLIT DE TROMPERIE SUR LA QUANTITÉ.

SOMMAIRE.

N. 7. — La tentative du délit est punissable, qu'elle soit le fait du vendeur ou de l'acheteur.

N. 8. — Quels sont les caractères constitutifs de la tentative du délit de tromperie sur la quantité?

7. — La loi du 27 mars 1851 punit la tentative de tromperie comme la tromperie elle-même, qu'elle provienne du fait de l'acheteur ou du vendeur (1).

(1) « Votre Commission, disait M. Riché dans son rapport, a « essayé de rendre la rédaction de l'art. 423 applicable non-

Ainsi l'art. 1er, § 3, de cette loi, frappe des peines de l'art. 423 : « Ceux qui auront trompé « ou *tenté de tromper*, sur la quantité des choses « livrées, les personnes auxquelles ils vendent ou « achètent, soit par l'usage de faux poids ou de « fausses mesures, etc... »

Voici comment s'exprime sur ce point M. Riché, dans son rapport : « Les tentatives de filouterie, « d'escroquerie, sont assimilées au fait accompli. « L'équité, d'accord avec le besoin d'une répres- « sion plus facile, nous ont conduits à vous pro- « poser d'étendre cette règle à la tentative de « tromperie par faux poids ou mesures. Celui qui « tend un piége à l'acheteur n'est pas plus hono- « rable, parce que l'acheteur a été clairvoyant ou « que la police est intervenue. On essaiera moins « souvent quand on n'essaiera plus impunément. »

Il résulte donc du texte et de l'esprit de la loi, que la tentative est entièrement assimilée au fait lui-même, chaque fois qu'elle revêt les caractèrre constitutifs de la tentative du délit de tromperie sur la quantité de la marchandise.

« seulement au cas de l'acheteur, mais aussi du vendeur trompé. « Celui-ci peut éprouver un préjudice, quand, par exemple, il ap- « porte des matières chez l'acheteur, et que, par le méfait de ce- « lui-ci, le pesage est infidèle. » Aussi l'art. 1er, n° 3, de la loi du 27 mars 1851, frappe-t-elle des peines de l'art. 423 du Code pénal : « ceux qui auront trompé ou tenté de tromper, sur la « quantité des choses livrées, les personnes auxquelles ils ven- « dent et *achètent*, etc. »

8. — Mais quels sont ces caractères ? C'est là une question grave diversement appréciée par les tribunaux.

Plusieurs arrêts récents décident que l'exposition en vente d'objets n'ayant pas le poids indiqué par leur forme, constitue la tentative de tromperie sur la quantité de la chose vendue (1). On soutient que si les tentatives de crime ne peuvent exister qu'à la condition de présenter les caractères déterminés par l'art. 2 du Code pénal (2), il n'en est pas de même des tentatives de délit pour lesquelles le Code renvoie aux lois particulières, et dont les caractères constitutifs sont souverainement appréciés par les tribunaux. On ajoute que, relativement à la loi de 1851, le doute n'est pas permis. « En effet, dit l'arrêt de la Cour « d'Orléans, en assimilant la tentative de trom- « perie à la tromperie même, le législateur révèle « suffisamment son intention de surprendre les fé- « lonies mercantiles avant qu'elles n'aient produit « leur effet, mais quand la volonté préméditée et « manifeste de les commettre n'attend que l'oc-

(1) Arrêts : d'Orléans, 11 nov. 1851 (Devil. et Car., 1852, 2, 19) ; — de Cass., 6 oct. 1854 ; de Metz, 15 nov. 1854 (Devil. et Car., 1855, 1, 306). Voir n° 19.

(2) Cet art. est ainsi conçu : « Toute tentative de crime qui « aura été manifestée par un commencement d'exécution, si elle « n'a été suspendue ou si elle n'a manqué son effet que par des « circonstances indépendantes de la volonté de son auteur, est « considérée comme le crime même. »

« casion et la provoque ostensiblement. — Que « l'exposition dans les boutiques d'un objet né- « cessairement destiné à la vente et même à une « vente immédiate et prochaine, avec connais- « sance que cet objet n'a pas le poids indiqué par « sa forme, dès lors avec indication frauduleuse, « doit être assimilée aux tentatives... »

Nous ne pouvons, pour notre part, adopter une telle solution.

D'abord, au point de vue des principes généraux, nous croyons que les tentatives de délit doivent, comme les tentatives de crime, réunir, pour être punissables, les caractères énoncés en l'art. 2 du Code pénal, excepté, bien entendu, dans les cas spéciaux où la loi en a prononcé autrement (1). En effet, comme le dit avec beaucoup de raison M. Carnot, « il serait absurde d'i- « maginer que la tentative du crime pourrait être « plus favorisée que la tentative des simples dé- « lits. »

Au point de vue spécial de la tentative de tromperie sur la quantité de la chose vendue, nous serions encore plus affirmatif s'il est possible, les termes dont s'est servi le législateur étant trop

(1) Voir, dans notre sens : Carnot sur le Code pénal, art. 3, n° 2 ; — Legraverend, *Législ. crim.*, t. I, p. 120 ; — Chauveau et Hélie, *Théor. du C. P.*, t. II, p. 55 ; — Le Sellyer, *Tr. du Dr. crim.*, t. I, n° 35 ; — Morin, *Répert. du Dr. crim.* (V° Tentative, n° 12) ; — Bertauld, *Cours de C. P.*, p. 231 ; — Trébutien, *Cours élém. de Dr. crim.*, t. I, p. 103.

précis, selon nous, pour permettre le doute (1).

En effet, on voit que si, dans sa pensée, l'exposition en vente constitue à elle seule la tentative de tromperie lorsqu'il s'agit d'objets falsifiés et corrompus, il n'en est pas de même lorsqu'il s'agit de la tentative de tromperie sur la quantité. Il suffit, pour s'en convaincre, de se reporter aux trois premiers paragraphes ainsi conçus de l'article 1er : « Seront punis des peines portées par « l'art. 423 du Code pénal, — 1° ceux qui falsi- « fieront des substances ou denrées alimentaires « ou médicamenteuses *destinées à être vendues ;* « — 2° ceux qui vendront ou *mettront en vente* « des substances ou denrées alimentaires ou mé- « dicamenteuses qu'ils sauront être falsifiées ou « corrompues (2) ; — 3° ceux qui auront trompé « ou tenté de tromper sur la quantité *des choses* « *livrées*, les personnes auxquelles *ils vendent ou* « *achètent...* »

Il est vrai que, d'après la Cour de Cassation, cette différence de rédaction n'aurait aucune importance : « Attendu, dit l'arrêt du 6 octobre 1854, « que si le § 2 de la loi précitée n'est pas conçu « dans les mêmes termes que le § 3, cette diffé- « rence provient uniquement de ce que chacun « de ces paragraphes a été destiné à développer

(1) Voir, en ce sens : arrêt de Nancy, du 14 août 1854 (Devil. et Car., 1855, 1, 306).

(2) Voir, n° 109.

« des dispositions existantes et distinctes entre « elles. »

Mais à cela nous répondrons que là n'est pas la question ; il faut se demander si les mots ont un sens et si l'on doit accuser le législateur d'avoir servilement copié des dispositions anciennes sans en peser la portée.

Nous croyons que c'est avec intention que le législateur de 1851 a établi cette différence entre la rédaction des divers paragraphes de l'art. 1er. En effet, quel est le but de la loi nouvelle : « C'est, « comme l'a dit M. Riché dans son rapport, de « punir la fraude et rien que la fraude. » Or, il y a fraude dès qu'il y a falsification de substances destinées à être vendues, ou simple mise en vente d'objets que l'on sait être falsifiés ou corrompus, car il est impossible au marchand de vendre ces objets autrement que falsifiés ou corrompus ; l'intention de tromper l'acheteur est donc suffisamment manifestée par l'exposition en vente. Dans le cas, au contraire, d'objets mis en vente quoique n'ayant pas le poids indiqué par leur forme, il n'y a intention manifeste de tromper l'acheteur qu'au moment de la vente ; jusque-là le marchand peut vouloir tenir compte à l'acheteur du défaut de poids en lui vendant au poids et non à la forme.

Aussi voyons-nous le législateur changer dans ce dernier cas de langage, et, abandonnant les termes de marchandises *destinées à être vendues*, décider, au contraire, qu'il y aura fraude punissable de la part de ceux « qui auront trompé ou « tenté de tromper sur la quantité des marchan- « dises *livrées* aux personnes auxquelles *ils ven- « dent ou achètent.* »

C'est là, selon nous, la seule interprétation que fournisse le texte et l'esprit de la loi, ainsi que la logique des idées.

CHAPITRE III.

CONSOMMATION DU DÉLIT DE TROMPERIE SUR LA QUANTITÉ.

SECTION PREMIÈRE.

CARACTÈRES CONSTITUTIFS DU DÉLIT DE TROMPERIE SUR LA QUANTITÉ.

SOMMAIRE.

N. 9. — La tromperie, comme la tentative de tromperie, est punissable, qu'elle soit le fait de l'acheteur ou du vendeur.

N. 10. — Différents moyens par lesquels se commet le délit de tromperie sur la quantité. — L'emploi d'un seul de ces moyens suffit pour constituer le délit.

9. — La tromperie, comme la tentative de tromperie, est punissable qu'elle soit commise par l'acheteur ou par le vendeur. C'est là une conséquence du principe que la tromperie et la tentative de la tromperie sont complétement assimilées l'une à l'autre par le législateur.

C'est ce que dit d'ailleurs M. Riché dans son

rapport, ainsi que nous l'avons déjà fait observer au sujet de la tentative. (N° 7.).

10. — Le délit de tromperie sur la quantité de toutes marchandises peut se commettre par trois moyens différents.

Soit par l'usage de faux poids ou de fausses mesures ou d'instruments inexacts servant au pesage ou mesurage.

Soit par des manœuvres ou procédés tendant à fausser l'opération du pesage ou mesurage, ou à augmenter frauduleusement le poids ou le volume de la marchandise avant cette opération.

Soit enfin, par des indications frauduleuses tendant à faire croire à un pesage antérieur et exact.

Il faut de suite remarquer qu'il n'est pas nécessaire, pour rendre le prévenu passible des peines de l'art. 1er § 3 de la loi, que le prévenu ait employé simultanément plusieurs des moyens énoncés dans l'art., il suffit qu'il ait cherché à tromper : ou, par l'usage de faux poids... ; ou, par des manœuvres ou procédés.., ; ou par des indications frauduleuses... Le mot *soit*, qui précède, dans la loi, l'énonciation de chaque moyen, ne permet aucun doute à cet égard. La Cour de cassation l'a jugé ainsi par arrêt du 7 février 1856 (1).

(1) Voir nos observations sur cet arrêt dans notre Revue mensuelle de mars. (*Écho agricole* du 30 mars 1856.)

11. — Le premier moyen de tromperie n'exige aucune explication nouvelle. Nous avons déjà vu, en traitant des actes préparatoires du délit, ce que la loi entend par poids et mesures faux ; on sait qu'il s'agit de signes de pesage et de mesurage inexacts et non pas de signes de pesage ou mesurage irréguliers, c'est-à-dire non conformes au système décimal (1).

Seulement il est bien entendu que *l'usage* de faux poids ou de fausses mesures constitue le délit de tromperie sur la quantité, que ces poids et mesures soient ou ne soient pas conformes au système décimal. La loi, en effet, n'établit aucune distinction entre l'inexactitude existant sur les mesures anciennes prohibées par la loi de 1837, et celle existant sur les mesures nouvelles prescrites par cette même loi. C'est ce qu'a décidé la Cour de cassation par l'arrêt précité du 7 février 1856.

12. — Le second moyen se subdivise, puisqu'il consiste dans des manœuvres ou procédés tendant :

Soit à fausser l'opération du pesage ou mesurage ;

Soit à augmenter frauduleusement le poids ou le volume de la marchandise, même avant cette opération.

(1) Voir, n° 5.

13. — Un marchand fausse l'opération du pesage, par exemple, lorsqu'ayant une balance exacte, il met sous le plateau destiné à recevoir la marchandise vendue un objet plat et facile à dissimuler qui empêche ce plateau de s'abaisser autant que l'autre.

14. — Il y a augmentation frauduleuse de la marchandise, lorsque, par exemple, comme le dit le rapport : « le marchand invoque, au moyen de « la ruse, le secours d'une humidité tout-à-fait « artificielle. »

Ainsi on emploie, encore aujourd'hui malheureusement, dans la Beauce, un moyen de ce genre pour tromper les marchands de laines sur le poids de la toison qu'on leur vend. Ce procédé consiste à pousser les moutons au *suint* au moment de la tonte. A cet effet, on les accumule, au mois de juin, dans des bergeries hermétiquement fermées, et l'épaisse toison du mérinos se charge, par transsudation, d'une certaine quantité de suint qui en augmente le poids quelquefois dans la proportion de 8 à 10 p. 100. C'est là évidemment un fait rentrant sous l'application de la loi pénale (1).

(1) On pourrait, il nous semble, regarder le gorgement des sangsues comme une tromperie sur la quantité au moyen d'une augmentation frauduleuse de volume. La Cour de Paris a qualifié ce fait de tromperie sur la nature de la marchandise, mais il est à remarquer que son arrêt est antérieur à la loi de 1851. — Voir, n° 51 ; voir aussi n° 85, le mouillage des vins.

15. — Enfin le dernier moyen, résultant des indications frauduleuses tendant à faire croire à un pesage ou mesurage antérieur et exact, demande quelques explications détaillées :

« Sans opération matérielle de pesage ou de « mesurage, dit le rapport, il peut y avoir des « fraudes que la préfecture de police a signalées « à l'attention de votre commission. Il est des « marchandises dont le poids est présumé d'après « le nombre qui compose leur collection (comme « la chandelle), d'après leur nom, d'après cer- « taines indications. Si le marchand vend, sa- « chant que ces signes sont fallacieux, il dérobe « une partie du poids dont ces signes étaient « l'expression. Dans d'autres cas, la facture peut « chercher à persuader l'existence d'un pesage « ou mesurage antérieur et exact, base du prix : « soit qu'elle veuille couvrir le déficit ou échap- « per au contrôle, cette espèce d'escroquerie est « vraiment une vente à faux poids. »

16. — Disons d'abord que les indications frauduleuses dont parle la loi, ne peuvent résulter que d'*indications matérielles* annonçant un pesage antérieur et exact, et non de simples mensonges de nature à induire l'acheteur en erreur. Ainsi la Cour de cassation a décidé, par deux arrêts des 27 et 28 avril 1855, que l'on ne saurait voir l'indication frauduleuse exigée par la loi « dans le

« fait du vendeur de mettre la marchandise dans « un sac, qu'il prétend contenir telle quantité « déterminée, lorsque ce sac n'est ni une mesure « légale, ni d'un usage local. » (1).

27. — Mais il y a, aux termes de la jurisprudence, indications frauduleuses toutes les fois qu'il y a l'apparence et la forme déterminées, soit par la loi, soit par des arrêtés de police.

Ainsi, il y a indications frauduleuses pouvant devenir l'élément du délit de tromperie :

Lorsque l'orfèvre met sur des couverts la marque d'une quantité d'argenture plus considérable que celle existant réellement (2).

Lorsque la bouteille qui doit contenir un litre, ne le contient pas réellement ;

Lorsque les bottes de foin, de paille, etc., ne pèsent pas le poids déterminé par les règlements.

Lorsque les paquets de bougies et de chandelles, vendus comme pesant une livre, ne la pèsent pas, et cela encore bien que l'indication du poids ne se trouve pas sur le paquet (3).

Enfin, lorsque des pains, accusant par leur forme, un poids de 1, 2, 3 kil., par exemple, n'ont cependant pas ce poids.

(1) Devil. et Car., 1855; 1, 312

(2) Arrêt de Bordeaux du 18 février 1853 (Devil. et Car., 1853, 2, 326.)

(3) Arrêt de cassation du 14 avril 1855. (Devil. et Car., 1855, 1, 311.)

Plusieurs de ces exemples méritent une observation particulière.

18. — La bouteille qui doit contenir un litre, ne peut pas avoir une contenance parfaitement déterminée ; les lois de la fabrication du verre ne permettent pas d'arriver à un résultat précis et invariable, il faut donc que le juge tienne compte de cette difficulté insurmontable pour ne pas trouver un fait coupable là où il n'y aurait qu'un fait indépendant de la volonté du vendeur. D'ailleurs, il se peut qu'à côté des bouteilles renfermant moins de cent centilitres, il y en ait d'autres, au contraire, qui en contiennent plus de 100 ; c'est là encore un motif d'appréciation pour les tribunaux qui, ayant à juger un délit, doivent apprécier *l'intention* du prévenu (1).

(1) On sait qu'il est malheureusement encore d'usage aujourd'hui, dans le commerce, de se servir de bouteilles n'ayant aucune capacité déterminée. Nous croyons devoir reproduire ici les judicieuses observations de M. Chevalier sur ce point, le moyen qu'il indique nous paraissant être le seul qui puisse, dans le plus grand nombre des petits commerces de détail, mettre fin à des fraudes d'autant plus coupables qu'elles sont exercées vis-à-vis du consommateur peu aisé :

« Une bouteille, dit M. Chevalier, est un vase de verre affectant une forme particulière, dans lequel on conserve toute espèce de liquide. Mais les bouteilles ne sont point assujetties à avoir une contenance déterminée, ce qui pourtant serait d'une grande utilité et empêcherait les fraudes qui se commettent journellement.

« Ainsi les liquides, tels que *vins fins* ou *ordinaires*, *liqueurs*, *sirops*, *bières*, *cidres*, *huiles*, etc., étant vendus au *litre*, *demi-*

19. — A l'égard des bottes de foin et autres fourrages, nous dirons, qu'en présence des règlements déterminant un poids différent suivant la saison, il est bien difficile que les vendeurs ne se trouvent pas presque toujours en contravention.

En effet, d'un côté, il est impossible d'obtenir des ouvriers occupés à former les bottes, qu'ils fassent entrer exactement dans chacune d'elles la même quantité.

D'un autre côté, la transition entre les différents poids fixés par les règlements est trop subite et trop grande pour être fondée sur le véritable état des choses. Ainsi, d'après ceux en vigueur à Paris, il y a un kilo de différence entre le 30 septembre et le 1er octobre; 1/2 kil. entre le 1er et le 2 avril (1).

litre, quart de litre, les bouteilles qui les contiennent devraient avoir ces diverses capacités.

« On a proposé, avec raison, d'avoir des bouteilles et des demi-bouteilles d'une capacité déterminée, avec tolérance, dans les verreries, de deux ou trois centilitres; on imprimerait visiblement la contenance en centilitres, dans un cachet sur la pâte de verre encore chaude et molle. »

« Il n'y aurait de difficulté que pour la bouteille de mousseux, dont la moindre différence d'épaisseur peut déterminer la casse, juste où le chiffre pourrait se placer sans inconvénient, fût-ce dans le fond. »

(1) Ces règlements déterminent ainsi qu'il suit, dans le rayon de Paris, le poids des fourrages : pour le foin, la luzerne, le trèfle, de la récolte au 1er octobre, 6 kil. 1/2; du 1er octobre au

Or, cette proportion, fondée sur ce que la sécheresse normale des fourrages met dix mois à se produire, ne devrait pas s'appliquer indistinctement : à des luzernes et des trèfles de la première coupe qui se récoltent en juin ; à des foins qui se récoltent en juillet ; à des luzernes et des trèfles de deuxième coupe qui ne se récoltent qu'en août et septembre, enfin à des regains de troisième coupe qui ne se rentrent souvent qu'en octobre.

20.— A l'égard des bougies, chandelles, etc., nous n'aurions aucune observation à faire, si l'on appliquait seulement la loi aux détaillants qui achètent la bougie, etc., à son poids *véritable* et la revendent au poids indiqué par la forme du paquet. Il est évident que l'épicier qui agit ainsi

1er avril, 5 kil. 1/2 ; du 1er avril à la récolte, 5 kil. Pour la paille, en tout temps, 5 kil.

On voit combien doit être difficile, dans beaucoup de cas, l'application de la loi de 1851, en ce qui concerne les fourrages. Ainsi, aux termes d'un arrêt cité par nous, n° 8 (Metz, 15 novembre 1854), l'exposition en vente le 30 septembre, de bottes de foin pesant 6 kil., constituerait la tentative du délit de tromperie sur la quantité, tandis que le lendemain, 1er octobre, les mêmes bottes pèseraient 1/2 kil. de plus que le poids légal. Cette transition trop subite a aussi pour effet de faire hausser les fourrages, de la récolte au mois d'octobre, les fermiers riches n'apportant les fourrages sur le marché qu'au 1er octobre, pour gagner l'époque du second poids réglementaire, 5 kil. 1/2 au lieu de 6 kil. 1/2. — Voir, dans l'*Écho agricole* du 16 juillet 1856, les judicieuses observations de M. Pommier, sur les inconvénients des règlements en vigueur à Paris.

trompe l'acheteur et se procure déloyalement un bénéfice.

Mais ce qui nous semble plus contestable, c'est que la loi doive être appliquée aux fabricants de bougies ou de chandelles qui ne recouvrent que le prix de la marchandise réellement livrée par eux aux détaillants. C'est cependant ce qui résulte aujourd'hui d'un jugement du tribunal de Troyes (1) et d'un arrêt de la Cour de cassation en date du 14 avril 1855.

Cette dernière décision est ainsi motivée :

« En ce qui touche le moyen fondé sur ce que « la loi du 27 mars 1851 ne s'applique qu'aux « rapports du détaillant au consommateur, et non « du fabricant au détaillant qui sait toujours ce « qu'il achète. — Attendu que l'art. 423 C. Pén. « par ces mots : *Quiconque aura trompé l'ache-« teur*.... et l'art. 1er de la loi du 27 mars 1851, « par ceux-ci : *Ceux qui auront trompé ou tenté « de tromper sur la quantité des choses livrées « les personnes auxquelles ils vendent ou achè-« tent*... ont entendu comprendre tous les ven-« deurs ou les acheteurs des marchandises sur la « quantité desquelles on aura trompé ou tenté de « tromper ; que cette vente soit faite en gros ou « en détail et que les marchandises soient expo

(1) Jugement du 26 mars 1855. (*Gazette des Tribunaux* du 13 avril 1855). — Voir nos réflexions sur ce jugement, dans l'*Écho agricole* du 19 avril 1855.

« sées en vente dans les magasins du fabricant « ou d'un détaillant (1). »

Aux termes du même arrêt, il y aurait exception à ce principe dans le cas : « où la différence « de poids dans les paquets serait justifiée par la « nécessité de mettre ce poids en rapport avec « celui d'une nation étrangère, pour faire droit à « des demandes venues de commerçants étran- « gers. »

Ainsi restreinte à la vente pour la consommation intérieure, l'application de l'art. 1er § 3 de la loi du 27 mars 1851, nous semble encore trop générale en ce qui concerne les fabricants de bougies, chandelles, etc.

21. — La question de savoir si la forme des pains exposés dans la boutique d'un boulanger fait supposer un pesage antérieur et exact, a donné lieu à la distinction que voici :

Lorsque les pains se vendent à la forme, c'est-à-dire sans être pesés au moment de la livraison, cette forme fait supposer un pesage antérieur et exact ; d'où la conséquence que, si le pain ne pèse pas le poids indiqué par sa forme, il y a là une indication frauduleuse pouvant donner lieu à l'application de la loi pénale (2).

(1) Devil. et Car., 1855, 1, 311 et 312.

(2) Bourges, 18 juillet 1851. (Devil. et Car., 1853, 2, 140.) — Orléans, 11 novembre 1851, (Devil. et Car., 1852, 2, 19) ; — Bor-

Lorsque, au contraire, l'acheteur a le droit de faire peser le pain devant lui, la forme cesse de devenir une indication devant faire supposer un pesage antérieur et exact (1).

22. — Tel est aujourd'hui le résumé de la jurisprudence. Quelques auteurs discutent cette opinion et soutiennent que le pesage imposé, pour le moment de la livraison, ne peut pas empêcher le délit d'exister, lorsque, d'un côté, le pain n'a pas le poids indiqué, et que, d'un autre côté, le boulanger ne pèse pas au moment de la vente. M. Dalloz notamment insiste pour repousser la jurisprudence admise aujourd'hui. « Le boulanger, dit-il, « n'est plus tenu de s'assurer du poids avant et « après la cuisson; mais il est obligé, en revan- « che, de s'assurer de ce poids au moment de la

deaux, 3 août 1853); — Cassation, 4 février 1854 (Devil. et Car., 1854, 1, 339); — Cassation, 30 juin 1854 (Devil. et Car., 1854, 1, 501). — Remarquons qu'il ne saurait y avoir délit, lors même que la forme n'indiquerait pas le poids exact, si le boulanger pesait le pain devant l'acheteur et parfaisait le poids; remarquons aussi qu'il y a toujours une tolérance pour le déficit causé par la différence de cuisson. Cependant, nous croyons que la vente à la forme est un déplorable système, la cuisson ne pouvant pas permettre que la forme soit une indication certaine du poids; la vente au poids sauvegarde seule, selon nous, les intérêts également respectables du vendeur et de l'acheteur.

(1) Paris, 5 juillet 1851 (Devil et Car., 1852, 2, 20). — Cassation, 7 octobre 1852; Angers, 13 septembre 1853 (Dalloz, 1854, 2e p., p. 42, note 2); — Angers, 13 février 1854; (Dalloz, id., id.); — Cassation, 17 mars 1854 (Devil. et Car., 1854, 1, 738).

« vente, et lorsqu'il profite de la négligence de « l'acheteur pour se faire payer le prix d'un poids « dont il n'est pas sûr, la présomption n'est-elle « pas qu'il savait bien vendre un poids plutôt in- « férieur que supérieur à celui qu'on lui payait, « et que c'est avec l'intention de faire un bénéfice « illicite qu'il a omis le pesage. La possibilité pour « l'acheteur de déjouer la fraude n'empêche pas « que cette fraude puisse exister (1). »

Mais à cela la réponse est bien simple. C'est que, du moment où un arrêté municipal exige le pesage au moment de la vente, la forme cesse de devenir une indication du poids : et, par conséquent, l'élément constitutif du délit manquant, il n'y a plus de condamnation possible au point de vue correctionnel ; il y a seulement double contravention : 1° à un arrêté pris par l'autorité municipale dans les limites de ses attributions, et 2°, à l'art. 479, n° 6, qui punit les boulangers et bouchers vendant le pain ou la viande au delà du prix fixé par la taxe légalement faite et publiée.

C'est ce qu'expose clairement un arrêt rendu le 5 juillet 1851 par la Cour de Paris, sur la plaidoirie de M. Delangle, aujourd'hui premier président de la même Cour.

« Considérant, dit l'arrêt, que la loi du 27 mars « 1851, en étendant l'application de l'art. 423 du

(1) *Recueil périodique*, 1854, 1re part., p. 299, note 1.

« Code pénal à des cas qui y sont énoncés, n'a « rien innové, quant à la juridiction et à la péna- « lité applicable aux simples contraventions rela- « tives à la vente et à la taxe du pain; — qu'en « effet, du moment où la taxe municipale fixe le « prix du kilogramme de pain, au lieu de déter- « miner, comme par le passé, le prix des pains, « la fraude dans le pesage ou dans l'indication « du poids du pain, peut seule constituer le délit « prévu par la loi de mars 1851 et l'art. 423 du « Code pénal; — que les expériences qui ont été « faites dans le commerce et par la science ont « démontré l'impossibilité de fabriquer des pains « d'un poids exactement et irrévocablement dé- « terminé à l'avance; — que les pains sujets à la « taxe, ne portant aucun signe indicatif de leur « poids exact et devant être soumis au pesage lors « de leur livraison, ne peuvent être réputés, d'a- « près leur forme seule, avoir un poids déterminé. « — Considérant, en fait, que par procès-verbaux « réguliers en date des 2, 5, 7, 8, 9, 12, 18 et 19 « avril dernier, il a été constaté que Bontemps et « les autres appelants ont vendu et livré des pains « dont le poids ne représentait pas la quantité « dont néanmoins ils ont reçu le prix; — qu'il « est établi que ces pains n'ont pas été pesés en « présence de l'acheteur; — qu'ils ne portaient « aucune indication de leur poids, et qu'aucune « déclaration d'un pesage antérieur n'a été faite

« par les vendeurs ; — que d'après les ordonnan-
« ces qui régissent la boulangerie et qui imposent
« l'obligation du pesage au moment de la livrai-
« son, les acheteurs n'ont pas été fondés suffisam-
« ment à croire que les pains qu'ils achetaient de-
« vaient avoir le poids représentant le prix qu'ils
« payaient ; — que dès lors aucun moyen fraudu-
« leux n'ayant été employé, les faits relevés à la
« charge des appelants ne constituent qu'une
« simple contravention, et non le délit prévu par
« la loi du 27 mars 1851 ; — émendant, déclare
« les appelants coupables de contravention à l'ar-
« ticle 4 de l'ordonnance du 2 novembre 1840 et
« à l'art. 479, nº 6, du Code pénal. »

Cet arrêt important énonce, selon nous, les vrais principes en matière de boulangerie. Il reconnaît que l'absence du pesage ne fait pas nécessairement présumer la fraude de la part du boulanger; mais il est à remarquer qu'il réserve complétement la question pour le cas où l'absence du pesage a pour but de tromper l'acheteur.

23. — Si, par exemple, le boulanger évite de peser le pain, et, pour y arriver, détourne l'attention de l'acheteur, il y a évidemment intention coupable, et, par conséquent, délit. Aussi la Cour de cassation a-t-elle décidé, par un arrêt du 30 novembre 1855 : « Que la forme et l'apparence du pain,

« représentant, dans l'usage et les habitudes des « consommateurs, un poids déterminé, peuvent « être considérées comme des indications frau- « duleuses tendant à faire croire à un pesage « antérieur et exact, ainsi que l'exige la loi du « 27 mars 1851, alors même qu'un règlement « prescrirait le pesage en présence de l'acheteur, « si le juge du fait reconnaît, avec un déficit « plus ou moins important, l'intention fraudu- « leuse du boulanger. »

24. — La vente du pain de fantaisie a donné lieu, dans ces derniers temps, à des difficultés qu'il importe d'apprécier. Un boulanger de la banlieue de Paris, fut traduit devant le tribunal de police correctionnelle de la Seine, sous l'inculpation de tromperie sur la quantité, pour avoir vendu un pain dit de fantaisie présentant un déficit de 170 grammes sur 2 kil. Le boulanger ayant fait défaut fut condamné par le Tribunal.

C'est alors que s'éleva la discussion sur ce point important en matière de boulangerie : à savoir, si le boulanger, après avoir pesé le pain de fantaisie, est obligé d'en compléter le poids.

Voici quelles sont les dispositions de l'Ordonnance de police du 2 novembre 1840, concernant la vente du pain dans Paris, ordonnance dont les art. 3 et 5 ont plus spécialement rapport au pain dit de fantaisie :

Art. 1er. « A compter du 16 novembre courant, la vente du pain dans Paris se fera au poids, constaté entre le vendeur et l'acheteur, soit qu'elle s'applique à des pains entiers, soit qu'elle porte sur des fractions de pains.

Art. 2. « En conséquence, la taxe fixera désormais le prix du kilogramme, au lieu de déterminer, comme par le passé, le prix des pains de deux, trois, quatre et six kilogrammes.

Art. 3. « Ne seront point soumis à la taxe : 1° tout pain du poids d'un kilogramme ou d'un poids inférieur ; 2° tout pain de première qualité du poids de deux kilogrammes, dont la longueur excéderait soixante-dix centimètres.

Art. 4. « Les boulangers seront tenus de peser, en le livrant, le pain qu'ils vendront dans leur boutique, sans qu'il soit besoin d'aucune réquisition de la part des acheteurs. Quant au pain porté à domicile, l'exactitude du poids pour lequel il sera vendu, devra être vérifiée à toute réquisition de l'acheteur. A cet effet, les boulangers auront toujours sur leurs comptoirs les balances et les poids nécessaires, et ils devront en pourvoir leurs porteurs de pain.

Art. 5. « Quelles que soient la forme et l'espèce du pain vendu, l'acheteur ne sera tenu de payer, au prix de la taxe pour le pain taxé, et au prix fixé de gré à gré pour le pain non taxé, que la quantité de pain réellement indiquée par le pesage, sans que les boulangers puissent prétendre à aucune espèce de tolérance. »

La *Gazette des Tribunaux*, interprétant, d'une manière erronnée, selon nous, cette Ordonnance de 1840, approuva la condamnation prononcée par défaut contre le boulanger (1).

Le syndicat de la boulangerie, justement ému de la position ainsi faite à la boulangerie, répondit par une lettre dans laquelle, après avoir reproduit les art. 3 et 5 de l'Ordonnance, il défendit en quelques mots seulement la cause de la boulangerie : « Il résulte, dit-il, de ces disposi-
« tions parfaitement claires, que le boulanger ne
« peut jamais être tenu de compléter le poids dit
« de fantaisie, puisqu'il peut en fixer le prix
« comme bon lui semble. Seulement l'acheteur
« peut exiger le pesage même de ce pain de fan-
« taisie, afin de pouvoir se rendre compte du prix
« de ce pain, en comparant son poids réel avec le
« chiffre exigé par le boulanger. »

La *Gazette des Tribunaux* crut devoir insister, et soutint de nouveau son système (2).

Mais le boulanger condamné par défaut, ayant formé opposition à la décision qui l'avait frappé, le débat contradictoire s'ouvrit bientôt et alors furent rétablis les véritables principes. Le pré-

(1) Voir la *Gazette des Tribunaux* du 23 janvier 1856.

(2) *Gazette des Tribunaux* du 2 février 1856.

venu fut acquitté et le ministère public, reconnaissant lui-même le bien jugé de cette décision, ne crut pas devoir interjeter appel.

En effet, le boulanger n'était pas coupable.

Il est bien vrai qu'aux termes de l'art. 5 de l'Ordonnance de 1840 : « L'acheteur n'est tenu de « payer, au prix de la taxe pour le pain taxé, et « au prix fixé de gré à gré pour le pain non taxé, « que la quantité de pain réellement indiquée par « le pesage. » Aussi, interprétant judaïquement le texte même de cette disposition, la *Gazette* a pu dire : « que si un pain de 2 kil. ne pèse que 1 kil. « 3/4, le boulanger n'est pas obligé de mettre « dans la balance un morceau de pain de 1/4 de « kil., mais il doit déduire sur le prix la valeur « correspondante à la quantité manquante (1).

Seulement il ne faut pas oublier que nous sommes en matière correctionnelle ; que l'intention coupable est nécessaire pour constituer le délit ; et que, par conséquent, la seule question est de rechercher si, dans l'espèce posée, il y avait fraude de la part du boulanger. Nous soutenons, qu'examen fait des nécessités de la pratique, la conduite du boulanger s'expliquait de la manière la plus simple et la plus naturelle.

Voyons donc les faits :

En principe général, tout pain taxé ou non taxé

(1) *Gazette des Tribunaux* du 2 février 1856.

doit être pesé par le boulanger en présence de l'acheteur ; mais le boulanger est libre de vendre le pain de fantaisie le prix qui lui convient.

Or, admettons que le pain taxé étant à 45 c. le kil., le boulanger vende un pain de fantaisie dont la forme indique le poids de 2 kil. mais qui, pesage fait devant l'acheteur, donne seulement 1 kil. 3/4.

Le boulanger et l'acheteur pourront convenir :

Ou que le boulanger parfera le poids, et que l'acheteur paiera le pain au prix fixé de gré à gré entre eux deux,

Ou que le boulanger vendra au poids réel, sans le parfaire, et que l'acheteur, dans ce cas comme dans le premier, paiera le pain au prix fixé de gré à gré entre eux deux.

Ou enfin que l'acheteur paiera le pain au prix de la taxe, mais le prendra à son poids apparent 2 kil., la différence entre ce poids et le poids réel tenant lieu au boulanger du supplément de prix auquel il avait droit.

Or, en pratique, de ces trois moyens, le dernier est seul exécutable.

Le premier est complétement inacceptable ; l'acheteur du pain de fantaisie ne veut pas avoir de petits morceaux détachés, ces sortes de pains étant destinés à la consommation des familles aisées.

Le second ne le serait pas davantage, car il

donnerait lieu à des comptes de centimes et demi-centimes que le boulanger se verrait, ainsi que l'acheteur, dans l'impossibilité de faire à l'heure où celui-ci sert toutes ses pratiques. Ainsi, nous avons supposé que le pain était taxé, pour la première qualité, à 45 cent. ; si le boulanger livre un pain pesant 930 grammes, par exemple, il faudra donc faire le décompte du prix des 70 grammes manquant sur les 45 cent. représentant le prix de 1,000 grammes, 1 kil., et faire pour chaque pain un travail nouveau à cause de la différence de cuisson ; c'est ce qui, dans la pratique, ne peut pas avoir lieu.

Que fait donc le boulanger? il pèse le pain devant l'acheteur, constate ainsi le poids réel, et convient que le déficit sur le poids représente la bonification à laquelle il a droit sur le pain non taxé.

Rien n'est plus juste et plus simple. Le boulanger, qui a le droit de vendre le pain de fantaisie au prix qui lui convient, obtient ainsi une bonification facile à recouvrer ; de son côté, l'acheteur se rend, au moyen du pesage, un compte exact du prix qu'il paie.

Peut-il y avoir dans ce fait, tromperie, de la part du boulanger, sur la quantité de la marchandise livrée?

Evidemment non, puisque l'acheteur connaît le poids réel de l'objet dont il se livre ; c'est en parfaite connaissance de cause qu'il agit, et, par conséquent, on ne peut pas dire qu'il soit *trompé* par son vendeur.

Nous avons même vu que le défaut non intentionnel de pesage ne ferait pas tomber le boulanger sous l'application de la loi de 1851 (1); qu'il y aurait tromperie dans le cas seulement où le boulanger aurait employé des manœuvres pour éviter le pesage (2).

C'est à l'acheteur à exiger que le pesage soit toujours fait en sa présence, de telle sorte qu'il ne puisse y avoir surprise ni volontaire ni involontaire.

25. — Que faudrait-il décider dans le cas où le boulanger voudrait, tout en bonifiant du déficit sur le poids, vendre le pain de fantaisie au-dessus de la taxe du pain de première qualité?

Cette question présente un grand intérêt, les boulangers ne voulant pas appliquer aux pains de fantaisie la baisse que peut subir la taxe administrative.

Nous croyons que la question est la même que celle formant l'objet du numéro précédent, et que la solution doit être la même, soit que le bou-

(1) Voir n° 22. Cela constituerait une simple contravention à l'art. 4 de l'ordonnance du 2 novembre 1840.

(2) Voir n° 23.

langer vende le pain de fantaisie au-dessus de la taxe ou seulement au prix de cette taxe.

En effet, le délit de tromperie sur la quantité de la marchandise ne peut pas résulter de ce que le boulanger aura vendu plus ou moins cher.

Pour qu'il y ait tromperie, il faut que le boulanger ait induit l'acheteur en erreur sur le poids ; or, dès que le poids étant constaté en présence de l'acheteur, celui-ci peut s'en rendre compte, il ne saurait y avoir tromperie quel que soit le prix vendu.

Du moment où le boulanger a le droit de vendre le pain de fantaisie de gré à gré, c'est à l'acheteur à débattre le prix pour défendre ses intérêts ; le boulanger est dans son droit en cherchant à vendre le plus cher possible. Il n'y aurait tromperie de la part du boulanger que s'il avait employé des manœuvres pour éviter de faire le pesage en présence de l'acheteur (1).

SECTION DEUXIÈME.

POURSUITE ET RÉPRESSION DU DÉLIT DE TROMPERIE SUR LA QUANTITÉ.

SOMMAIRE.

N. 26. — La tromperie sur la quantité est un délit. — Conséquences.

(1) Voir n° 23.

26. — Nous venons de voir quels sont les éléments constitutifs du délit de tromperie sur la quantité de toutes marchandises vendues.

La tromperie sur la quantité étant un délit, ne saurait être punie comme telle que s'il existe une intention coupable de la part du prévenu. Il faut que *le fait* et *l'intention* se trouvent réunis (1).

27. — Mais les tribunaux ont un pouvoir souverain d'appréciation en cette matière comme dans toute espèce d'affaires correctionnelles.

Aussi a-t-il été plusieurs fois décidé que l'on devait regarder comme à l'abri de la censure de la Cour de cassation, l'arrêt ou le jugement par

(1) Voir n° 52.

lequel une cour ou un tribunal déclare que la vente ou mise en vente a eu lieu de la part du prévenu sans intention de tromper (1).

L'arrêt ou le jugement serait également à l'abri de la censure de la Cour de cassation, dans le cas où il y aurait condamnation.

La Cour de cassation a même décidé à cet égard que l'arrêt ou le jugement pouvait se dispenser de motiver sa condamnation sur la fraude existante, si d'un côté les faits énoncés faisaient ressortir le caractère frauduleux de l'acte reproché au prévenu, et si, d'un autre côté, la tromperie ou la tentative de tromperie était reconnue d'une manière expresse par l'arrêt attaqué.

« Attendu, dit sur ce point un arrêt rendu le « 4 février 1854, après partage, par la Cour de « cassation, que l'arrêt attaqué rattache la tenta- « tive de tromperie, qu'il reconnaît et déclare « expressément, aux moyens à l'aide desquels « elle a été commise ; que ces moyens rentrent « pleinement dans le n° 3 de l'art. en discussion « (art. 1er de la loi du 27 mars 1851), puisque... ; « — attendu que si le mot *fraude* n'est pas pro- « noncé dans l'arrêt, alors cependant que l'exis- « tence et la constatation de cette fraude est « indispensable pour qualifier légalement l'indi-

(1) Voir deux arrêts de cassation (Facques et Drevelle), du 11 février 1854 (Devil. et Car., 1854, 1,340.)—Arrêt de cassation, 14 juillet 1854. — Voir nos 53 et 95.

« cation par laquelle la bonne foi des acheteurs « allait être surprise, il n'en est pas moins certain « que la fraude elle-même ressort implicitement, « mais nécessairement, des diverses circonstances « retenues par l'arrêt et de l'ensemble de ses dis- « positions ; — que la loi n'exige rien de sacra- « mentel en cette matière ; qu'il suffit, pour satis- « faire à ses dispositions, de trouver réunis « dans les faits constatés les caractères mêmes « du délit tels qu'elle les prévoit et les définit ; « Rejette (1). »

28. — La loi de 1851 a pour but, comme la plupart de nos lois répressives, de punir le tort fait par le coupable à la société en général dans la personne d'un ou de plusieurs de ses membres. Il en résulte que le délit de tromperie sur la quantité de toutes marchandises vendues, peut être poursuivi à la requête du ministère public, sans qu'il y ait plainte de la partie lésée.

29. — Le délit de tromperie sur la quantité de toutes marchandises vendues, est puni, par l'art. 1er de la loi du 27 mars 1851, des peines édictées par l'art. 423 du Code pénal : c'est-à-dire de l'emprisonnement pendant trois mois au moins, un an au plus, et d'une amende qui ne pourra excéder le

(1) Devil. et Car., 1854, 1, 339.

quart des restitutions et dommages-intérêts, ni être au-dessous de cinquante francs.

A côté de cette double peine se trouve la confiscation des objets sur lesquels a été opérée la tromperie ou la tentative de tromperie, ainsi que des poids et mesures faux ayant servi à commettre le délit (1), et, dans le cas seulement de condamnation à l'emprisonnement, l'interdiction du droit électoral, en vertu de l'art. 15 ainsi conçu du décret du 2 février 1852, sur l'élection des députés du Corps Législatif: « Ne doivent « pas être inscrits sur les listes électorales... 14° « Les individus condamnés à l'emprisonnement « par application de l'art. 1er de la loi du 27 « mars 1851. »

Enfin, aux termes de l'art. 6 de la loi de 1851, le tribunal peut ordonner l'affiche du jugement dans les lieux qu'il désigne, et son insertion intégrale ou par extrait dans tous les journaux qu'il désigne, le tout aux frais du condamné.

30. — La peine peut être diminuée par le juge lorsqu'il reconnaît l'existence de circonstances atténuantes, l'art. 463 du Code pénal étant applicable aux délits prévus par la loi de 1851 (2). Aux

(1) Art. 5 de la loi du 27 mars 1851 ; — art. 423 et 481 du Code pénal.

(2) Art. 7 de la loi du 27 mars 1851.

termes de cet article : « Le tribunal est autorisé, « même en cas de récidive, à réduire l'emprison-« nement même au-dessous de six jours, et l'a-« mende même au-dessous de 16 francs ; il peut « aussi prononcer séparément l'une ou l'autre de « ces peines, et même substituer l'amende à l'em-« prisonnement, sans qu'en aucun cas elle puisse « être au-dessous des peines de simple police. »

31. — La peine peut être au contraire augmentée lorsqu'il y a récidive. En effet, l'art 4 de la loi de 1851 est ainsi conçu : « Lorsque le prévenu, « convaincu de contravention à la présente loi ou « à l'art. 423 du Code pénal, aura, dans les cinq « années qui ont précédé le délit, été condamné « pour infraction à la présente loi ou à l'art. 423, « la peine pourra être élevée jusqu'au double du « maximum ; l'amende prononcée par l'art. 423 et « par les articles 1er et 2 de la présente loi pourra « même être portée jusqu'à mille francs, si la « moitié des restitutions et dommages-intérêts « n'excède pas cette somme ; le tout sans pré-« judice de l'application, s'il y a lieu, des art. 57 « et 58 du Code pénal. »

Quelques-unes de ces dispositions exigeant quelques observations, nous croyons devoir les passer successivement en revue d'une manière rapide.

A l'égard de la peine de l'emprisonnement, elle est parfaitement définie par la loi.

Elle est de trois mois au moins, un an au plus, lorsqu'il y a condamnation pour tromperie sans circonstances atténuantes, mais aussi sans récidive.

Elle peut être élevée jusqu'à deux ans en cas de récidive.

Enfin, elle peut descendre jusqu'à 24 heures ou même être remplacée par l'amende en cas de circonstances atténuantes.

Elle ne peut donc, en aucun cas, et dès qu'elle est appliquée par le juge, être réduite à moins de 24 heures ; aussi la Cour de cassation a-t-elle dû casser un jugement qui avait prononcé six heures de prison pour l'un des délits prévus par la loi du 27 mars 1851 (1).

32.—La quotité de l'amende est loin d'être aussi nettement précisée par la loi que la durée de l'emprisonnement ; lorsqu'il y a condamnation sans circonstances atténuantes, mais aussi sans récidive, l'amende est, au minimum, de 50 francs, au maximum du quart des restitutions et dommages-intérêts.

En cas de condamnation avec circonstances atténuantes, elle est au minimum de 1 franc, au maximum du quart des restitutions et dommages-intérêts.

(1) Arrêt du 2 mars 1855 (Devil. et Car., 1855, 1, 309, et note).

Enfin, en cas de récidive, elle est, au minimum, de 50 francs; au maximum, de la moitié des restitutions et dommages-intérêts, et de mille francs si la moitié des restitutions et dommages-intérêts ne s'élève pas à cette somme.

Remarquons qu'en aucun cas l'amende ne peut être supérieure à celle fixée par la loi; aussi la Cour de cassation a-t-elle cassé un jugement du tribunal correctionnel de Reims qui avait prononcé une amende de 120 francs dans un cas où l'amende de 50 francs était seule applicable (1).

Une observation très-importante à faire au sujet de l'amende, est qu'aux termes de l'article 423, la seule amende qui puisse être prononcée est celle de 50 francs, à moins qu'il ne soit justifié par le jugement que le quart des restitutions ou dommages-intérêts résultant du délit excède cette somme.

Cela a été plusieurs fois jugé de la manière la plus explicite par la Cour de cassation (2). « At-

(1) Arrêt du 14 avril 1855 (Devil. et Car., 1855, 1, 313.)—Voir aussi arrêt du 4 novembre 1854 (Devil. et Car., 1854, 1, 809) : « Attendu, dit cet arrêt, que l'art. 463 du Code pénal, en vertu « duquel la peine d'emprisonnement a été réduite, n'autorisait « en aucun cas à excéder, pour l'amende, les limites tracées par « la disposition spéciale applicable... »

(2) Arrêts des 17 avril 1847 (Devil. et Car., 1847, 1, 695), 4 novembre 1854 (id., id., 1854, 1, 809); 14 avril 1855 (id.; id., 1855, 1, 313).

« tendu, dit l'arrêt du 4 novembre 1854, que si « l'amende édictée par l'article 423 Code pénal, « ne peut être au-dessous de 50 francs, elle ne « peut non plus s'élever au-dessus de cette somme « que si, en même temps, elle n'excède pas le « quart des restitutions et dommages-intérêts ; — « qu'à défaut de base pour établir l'amende pro- « portionnelle, l'amende fixe peut donc seule « être appliquée ; — attendu que le jugement « indiqué, en prononçant une amende de 500 fr. « contre chacun des demandeurs en cassation, « sans préciser les restitutions et dommages-in- « térêts qu'il estimait du délit, ne permet pas de « vérifier s'il s'est conformé à la règle limitati- « vement tracée par l'article 423 Code pénal, « et a prononcé une peine non légalement jus- « tifiée quant à sa quotité... »

Il est à remarquer encore que les restitutions et dommages-intérêts ont besoin d'être *demandés* par la partie lésée pour servir de base légale à l'amende proportionnelle.

C'est ce qui résulte clairement des explications données par M. Riché dans son rapport sur la loi de 1851 : « Un maximun de 500 francs pour l'a- « mende a dû être, dit-il, indiqué et tiré de l'ar- « ticle 318, au cas où le quart des dommages- « intérêts ne serait pas supérieur à 500 francs et « au cas où *il ne serait pas demandé de dom- « mages-intérêts...* »

33.—La peine de la confiscation des objets vendus ou achetés et des faux poids ou des fausses mesures employés, ne saurait donner lieu à aucune difficulté. Elle résulte de l'art. 5 de la loi du 27 mars 1851 et de l'art. 481 Code pénal, qui sont ainsi conçus :

Art. 5 de la loi de 1851 : « Les objets dont la « vente, usage ou possession constitue le délit, « seront confisqués. »

Art 481 du Code pénal : « Seront saisis et « confisqués, les faux poids, les fausses mesures, « ainsi que les poids et les mesures différents de « ceux que la loi a établis. »

34.—Quant à la récidive, elle résulte, comme on le voit, de toute condamnation prononcée dans les cinq années qui ont précédé le délit pour infraction, soit à la loi du 27 mars 1851, soit à l'article 423 Code pénal (1). Nous ne saurions, pour notre part, approuver cette disposition beaucoup trop générale, que M. Riché essaie en vain, selon nous, de justifier en ces termes, dans son rapport : « Celui qui, dans les cinq ans après une « condamnation en vertu de la loi nouvelle ou « de l'art. 423, sera reconnu coupable de l'un « des délits de cette nature, ne doit-il pas sou- « vent être puni sévèrement, surtout par la peine

(1) Loi de 1851, art. 4.

« du talion, la peine pécuniaire? Ce châtiment de « la récidive spéciale doit cependant être faculta- « tif. »

Nous trouvons cette disposition trop sévère et nous pensons que le législateur aurait dû poser une limite plus étroite à l'application de la récidive. L'art. 58 du Code veut, qu'en matière correctionnelle, il y ait récidive légale lorsqu'une première condamnation pour délit a été de plus d'une année. Or, selon nous, si le législateur ne voulait pas adopter le principe de cet article dans la loi de 1851, au moins devait-il spécifier qu'une première condamnation amènerait les peines de la récidive, dans le cas seulement où elle aurait eu une certaine gravité. Nous aurions compris que l'on regardât comme assez grave pour pouvoir donner lieu à la récidive, une première condamnation à plus de trois mois d'emprisonnement, mais nous ne comprenons pas que l'on puisse regarder comme telle une condamnation qui descend jusqu'à l'amende la plus légère (1).

(1) Nous avons cru devoir émettre cette idée, parce que nous avons vu prononcer les peines de la récidive en face d'une première condamnation à 5 fr. d'amende. (Jugement du tribunal de Niort, 22 décembre 1855 (*Gazette des Tribunaux* du 8 février 1856). Quant à l'amende d'un franc, elle a été appliquée dans le procès fait aux fabricants de bougies, devant le tribunal de Troyes, dont le jugement est indiqué n° 20. (*Gazette des Tribunaux*, 13 avril 1855).

35. — Quant aux restitutions et dommages-intérêts, ils ne peuvent donner lieu à aucune difficulté légale.

En principe, la personne trompée sur la quantité a droit à la réparation du préjudice que lui cause cette tromperie.

36. — Cependant il est un cas où ce principe reçoit exception ; c'est celui que prévoit l'art. 424 ainsi conçu du Code pénal : « Si l'acheteur et le « vendeur se sont servis, dans leurs marchés, « d'autres poids ou d'autres mesures que ceux qui « ont été établis par les lois de l'État, l'acheteur « sera privé de toute action contre le vendeur « qui l'aura trompé par l'usage de poids ou de « mesures prohibés, sans préjudice de l'action « publique de la punition, tant de cette fraude « que de l'emploi même des poids et mesures « prohibés. »

« La peine, en cas de fraude, sera celle portée « en l'article précédent. »

« La peine, pour l'emploi des mesures et poids « prohibés, sera déterminée par le livre IV du pré- « sent Code, contenant les peines de simple police. » (Art. 479, § 6. — Amende de 11 à 15 francs.)

Ainsi, dans ce cas, le droit de répression reste le même ; celui qui a été trompé perd seulement le droit de réclamer aucune restitution ni aucuns dommages-intérêts.

Remarquons en terminant, que, malgré les termes de l'art. 424, il serait applicable au cas de tromperie de la part de l'acheteur, tout aussi bien qu'au cas de tromperie de la part du vendeur, et que, par conséquent, si l'acheteur avait, d'accord avec le vendeur, employé des poids ou mesures non légaux, la tromperie de la part de l'acheteur ne pourrait donner au vendeur aucun droit de poursuite en restitution et dommages-intérêts (1).

TITRE II.

Tromperie sur la nature de toutes marchandises.

CHAPITRE PREMIER.

CARACTÈRES CONSTITUTIFS DU DÉLIT DE TROMPERIE SUR LA NATURE.

SOMMAIRE.

N. 37. — Délit de tromperie sur la nature. — Distinction.
N. 38. — Cas où ce délit est puni par la loi de 1851.
N. 39. — Cas où il est puni par l'art. 423. — Renvoi.

(1) Voir n° 7.

37. — La tromperie sur la nature de toutes marchandises est punie, soit par l'art. 423 du Code pénal, soit par l'art. 1er, § 1er de la loi du 27 mars 1851.

38. — Elle est punie par cette dernière loi, lorsqu'elle porte sur des substances alimentaires ou médicamenteuses et qu'elle a lieu au moyen d'une falsification.

39. — Hors ce cas, il faut en revenir à l'art. 423 du Code pénal, qui, comme on le voit, s'applique encore aujourd'hui exclusivement :

A la tromperie sur la nature de toute espèce de marchandises autres que les substances alimentaires ou médicamenteuses, quel que soit d'ailleurs le moyen employé pour la consommation du délit.

A la tromperie sur la nature des substances alimentaires ou médicamenteuses, lorsque la tromperie a lieu autrement que par la falsification (1).

On comprend dès lors l'intérêt que peut encore présenter l'examen de l'art. 423, sans lequel un grand nombre de fraudes resteraient impunies.

40. — Cet article est ainsi conçu, en ce qui concerne la tromperie sur la nature de la marchandise :

« Quiconque aura trompé l'acheteur sur le titre « des matières d'or ou d'argent, sur la qualité « d'une pierre fausse vendue pour fine, sur la na-

(1) Voir, n° 41, la consécration du principe posé ici par nous. Nous renvoyons au chapitre de la falsification des substances alimentaires et médicamenteuses, pour tout ce qui concerne la tromperie sur la nature de ces marchandises au moyen de la falsification. Voir n°s 69-92.

« ture de toutes marchandises, sera puni, etc. »

La tromperie sur le titre des matières d'or ou d'argent et la tromperie sur la qualité d'une pierre fausse vendue pour fine, sont trop faciles à reconnaître et donnent lieu à trop peu de difficultés pour qu'il soit utile de fournir aucune explication.

Nous avons donc exclusivement à nous occuper de ces derniers mots de l'art. 423, concernant la tromperie « sur la nature de toutes marchan- « dises. »

41. — Et d'abord remarquons que la tentative de ce délit n'est pas punissable.

On sait, en effet, qu'aux termes de l'art. 3 du Code pénal : « Les tentatives de délits ne sont « considérées comme délits que dans les cas dé- « terminés par une disposition spéciale de la loi. » Or, l'art. 423 ne contenant aucune disposition spéciale à la tentative, il ne saurait y avoir, au point de vue légal, de tentative pour le délit prévu et puni par cet article. Aussi la Cour de Cassation a-t-elle posé formellement ce principe par un arrêt du 25 juillet 1851 (1).

C'est ce qui résulte également du rapport de M. Riché sur la loi de 1851. « Aux cas prévus « par l'art. 423, dit-il dans son rapport, il faut « que la vente de la marchandise dénaturée soit « *consommée*. »

(1) *Journal du Palais*, 1852, t. I, p. 319.

Or, on sait que l'art. 423 n'est abrogé qu'en ce qui concerne la tromperie au moyen de la falsification, les tromperies sur la nature tombant toujours exclusivement, comme nous l'avons fait observer sous l'application de l'art. 423.

Voici ce que dit à cet égard M. Riché dans le rapport précité : « La nécessité de laisser à d'au-« tres études la question des marques, des cons-« tatations préalables, des tromperies sur la pro-« venance, est l'une des raisons qui nous ont en-« gagés à ne pas embrasser tout le domaine de « l'art. 423, et à placer seulement à côté de lui « des dispositions qui empruntent sa pénalité pour « frapper les falsifications les plus dangereuses « et les plus fréquentes. *L'art. 423 subsiste tout « entier.* »

La loi de 1851 n'a donc en rien changé le caractère de l'art. 423, qui ne prévoit nullement la tentative de tromperie sur la nature de la marchandise vendue.

42. — L'art. 423 est applicable à toute espèce de marchandises, c'est-à-dire à tous objets quelconques pouvant donner lieu à des transactions privées ; peu importe que la vente soit autorisée par la loi, comme celle des marchandises proprement dites, ou qu'elle soit interdite comme la vente des objets contrefaits, des matières ou marchandises prohibées, et aussi des remèdes secrets.

La Cour de Cassation l'a ainsi décidé avec beaucoup de raison, selon nous, en se fondant sur ce motif, « que l'art. 423 n'a pu vouloir qu'un délit, « qu'une infraction à la loi, de quelque nature « qu'elle soit, la vente de remèdes secrets, par « exemple, punie par la loi du 29 pluviôse an XIII, « pût servir d'abri à celui qui trompe sur la na- « ture du remède secret qu'il vend, et amenât « l'impunité du coupable (1). »

43. — Le délit de tromperie sur la nature de la marchandise vendue existe-t-il dans le cas où, à raison de ses connaissances personnelles, l'acheteur n'a pas été trompé.

44.—La Cour de Paris a décidé, par un arrêt du 19 février 1847 (2), que le délit existe même dans ce cas : « Attendu, dit cet arrêt, que, pour que le « délit prévu par l'art. 423 soit caractérisé, il « suffit, lorsqu'il s'agit de tromperie sur la nature « de la marchandise vendue, qu'il y ait eu vente

(1) Cour de cassation, arrêts du 8 juin 1855 (Devil. et Car., 1855, 1, 438) ; du 7 décembre 1855. Voir nos observations sur ces arrêts, dans l'*Echo agricole* des 28 juin 1855 et 1er janvier 1856. —Dans le cas que présentent ces deux arrêts, il y a deux délits : celui de tromperie sur la nature de la marchandise vendue, et celui de vente de remèdes secrets ; l'art. 365 du Code d'instruction criminelle devenant applicable, la peine la plus forte doit seule être prononcée. (Arrêt précité, du 8 juin 1855).

(2) *Journal du Palais*, 1847, t. I, p. 652.

« réalisée; qu'il résulte des circonstances de la « vente que l'objet livré n'avait pas la nature de « l'objet annoncé et qu'on était censé vendre, et « que la fausse indication était donnée pour atti- « rer et tromper l'acheteur; que, dans ce cas, il y « a réellement tromperie sur la nature de la mar- « chandise; — attendu que, d'après les faits ci- « dessus constatés, les circonstances prévues par « l'art. 423 se trouvant établies contre les pré- « venus, le délit ne saurait être effacé par cette « circonstance étrangère aux prévenus, indépen- « dante de leur volonté, que l'acheteur, à raison « de ses connaissances personnelles, aurait été « moins trompé et même ne l'aurait pas été. »

Nous trouvons dans un autre arrêt rendu par la même Cour, le 18 mai 1854, les deux considérants qui suivent et qui consacrent ce système : « Considérant que Ch... a trompé les acheteurs « sur la substance même et, par conséquent, sur « la nature de la marchandise, objet du contrat; « que le fait de tromperie et l'intention fraudu- « leuse qui a présidé à sa consommation, cons- « tituent les éléments du délit prévu et puni par « l'art. 423 du Code pénal.—Considérant que les « circonstances qui ont déterminé B. et G. à opé- « rer cet achat, ou qui leur permettaient d'ap- « précier et de découvrir la tromperie, ne peuvent « changer le caractère du délit. »

45. — Malgré l'autorité incontestable de ces deux arrêts, nous croyons qu'il y a délit dans le cas seulement où l'acheteur *est trompé.*

Remarquons d'abord qu'il s'agit ici, non pas de faire une loi nouvelle, mais d'appliquer celle qui existe.

Or, que dit l'art. 423 dont nous nous occupons? « Quiconque aura trompé l'acheteur... sur la na- « ture de toutes marchandises. » C'est-à-dire quiconque aura fait croire à l'acheteur que la marchandise était de telle nature tandis qu'elle était de telle autre ; mais si l'acheteur ne s'est pas laissé induire en erreur, il n'y a pas de tromperie réalisée, il ne pourrait y avoir qu'une tentative de tromperie sur la nature de la marchandise, et nous avons vu, n° 41, que la tentative de ce délit n'est pas punissable aux yeux de la loi, la Cour de cassation l'ayant décidé à plusieurs reprises, de la manière la plus formelle.

Dira-t-on que le mot *tromper* signifie *user d'artifices pour induire en erreur*, et que, par conséquent, il y a tromperie dès qu'il y a emploi de ces artifices coupables. En d'autres termes, les mots : *Quiconque aura trompé* de l'art. 423, veulent-ils dire : « Quiconque aura essayé de trom- « per ; » ou, au contraire : « Quiconque sera « parvenu à tromper. » Nous adoptons sans réserve cette dernière interprétation, parce que nous la croyons fondée sur la loi elle-même. En effet, si le mot *tromper* s'entendait du simple emploi d'artifices coupables pour induire en erreur, il suffirait à lui seul pour exprimer tout à la fois et l'idée de la tentative et l'idée du fait accompli. Lors donc que le législateur voudrait punir la tentative et le délit de tromperie, il n'aurait qu'à employer le mot *tromper*. Or, nous voyons, au contraire, avec quel soin, dans le § 3 de l'art. 1er, la loi de 1851 déclare qu'elle frappe des peines de l'art. 423 : « ceux qui auront trompé ou *tenté* « de tromper sur la quantité des choses livrées... »

Cette observation est d'autant plus importante, qu'il s'agit, dans la loi de 1851, d'un délit ayant une parfaite analogie avec la tromperie sur la nature, et que le législateur, voulant punir celui qui *essaierait* de tromper sur la quantité, a cru devoir, en ajoutant le mot *tenté*, substituer la nouvelle rédaction de l'article 1er de la loi de 1851 à l'article 423, qui portait : « Quiconque aura « trompé sur la quantité des choses vendues... »

Il est donc vrai de dire que, dans l'idée du législateur, le mot tromper signifie : « parvenir *à* « *tromper*; » d'où la conséquence que si l'acheteur, à raison de ses connaissances personnelles, n'est pas trompé par les artifices employés, il n'y a pas délit.

Objectera-t-on encore, que l'intention est aussi coupable dans le cas où l'acheteur n'est pas trompé, que dans le cas, au contraire, où il est induit en erreur. Mais ce serait faire le procès à la loi ; car le marchand qui veut vendre en trompant sur la nature de sa marchandise, et qui se trouve arrêté par une circonstance indépendante de sa volonté, n'est pas moins coupable aux yeux de la morale que celui parvenant à opérer la vente ; cependant il n'est pas punissable, la loi ne frappant pas la tentative du délit de tromperie sur la nature de la marchandise. Ce ne serait donc plus là une discussion sur l'interprétation à donner de la loi actuelle, ce serait une critique au point de vue législatif.

Le système que nous proposons est appuyé, comme on le voit, sur le texte et l'esprit de l'art. 423. Nous ajouterons qu'il y a dans la loi pénale des analogies pouvant fournir des éléments d'interprétation. Ainsi, l'art. 405 frappe d'un an à cinq ans de prison : « quiconque, soit en faisant « usage de faux noms ou de fausses qualités..... « *se sera fait remettre* ou délivrer des fonds, des « meubles.... » Et la Cour de cassation a décidé, par arrêt du 5 mai 1820 : « Que l'usage d'un faux « nom ou d'une fausse qualité pour se faire re- « mettre des marchandises, ne suffit pas pour « constituer le délit d'escroquerie, s'il est cons- « taté que la remise des marchandises n'a pas été « déterminée par cette manœuvre. » (1)

(1) Devil. et Car. *Collect. nouv.*, t. VI, p. 229. —Voir dans le

Il faudrait également décider, selon nous, qu'il n'y a pas lieu à l'application de l'article 423 du Code pénal, lorsque l'acheteur n'a pas été décidé à prendre la marchandise, sur la nature de laquelle on voulait le tromper, par les artifices employés par le marchand.

Disons, en terminant, que l'acheteur n'est pas dans ce cas digne de beaucoup d'intérêt, car s'il entraîne le vendeur dans la consommation du délit, c'est en parfaite connaissance de cause et avec une intention bien certaine, par conséquent, dans un intérêt purement personnel ou de vengeance, et le plus souvent de concurrence commerciale. C'est ce qui résulte des deux arrêts rendus par la Cour de Paris, et notamment de celui de 1847, obtenu par le marchand de châles Biétry dans un intérêt de réclame commerciale.

46. — Pour qu'il y ait délit aux termes de l'art. 423 du Code pénal, il faut qu'il y ait tromperie sur la nature même de la marchandise.

La Commission du Corps législatif disait dans ses observations sur le projet du Code pénal : « Si « la disposition de l'art. 423 s'étend sur la tromperie relative à la qualité ou la valeur de toute « marchandise, la mauvaise foi, la chicane peuvent s'en emparer et créer à chaque instant

même sens, arrêt de Bordeaux, du 11 mars 1840 (Devil. et Car., 1840; 2, 294).

« une multitude de procédures et de dénoncia-
« tions. Il semble que si cette mesure ne s'appli-
« quait qu'au défaut d'identité entre la mar-
« chandise vendue et la marchandise livrée, les
« inconvénients dont on viendrait de parler,
« n'existeraient pas. Ainsi, si un individu a
« acheté un objet et qu'on ne lui livre pas le
« même, le vendeur sera coupable de la trom-
« perie qu'on a eue en vue dans cet article (1). »

C'est là un principe consacré par la jurisprudence et par les auteurs (2).

Le législateur a sagement agi en ne punissant que la tromperie sur la nature. Il a compris que la qualité est une chose difficile à apprécier ; que le défaut de qualité ne peut causer à l'acheteur un aussi grave préjudice que le défaut d'identité ; qu'enfin, si la tromperie sur la qualité était réprimée par la loi, on verrait trop souvent un acheteur, mécontent de son marché, dénoncer le vendeur pour un prétendu défaut à peine appréciable.

47. — Au contraire, lorsqu'il s'agit de denrées alimentaires ou médicamenteuses, le défaut de

(1) Procès-verbaux du Conseil d'État, séance du 18 janvier 1810.

(2) Cour de cassation, 22 juin 1844 (Devil. et Car., 1844, 1, 771). — Cour de cassation, 3 décembre 1853 (Devil. et Car., 1854, 1, 218).

qualité peut constituer un délit. « La simple trom-
« perie sur la qualité des marchandises, qui échap-
« pait à l'art. 423, pourra, dit le rapport de M. Ri-
« ché, être punie par la loi nouvelle, si cette trom-
« perie s'exerce sur des denrées alimentaires et
« médicamenteuses (1). »

C'est là une disposition légale qui paraît, en théorie, d'une utilité incontestable, mais qui, en pratique, devient souvent plus nuisible qu'utile.

Autant, en effet, il importe d'obliger le vendeur à exécuter loyalement son obligation, autant il importe de ne pas donner à l'acheteur déloyal, un moyen trop facile de se débarrasser de son marché en accusant de mauvaise foi celui avec lequel il a contracté.

18.—Il faut maintenant rechercher quels faits constituent la tromperie sur la substance de la marchandise vendue.

Il y a tromperie sur la substance, de la part de celui qui vend, par exemple :

Un couvert en melchior pour un couvert d'argent (2);

(1) Observations sur l'art. Ier, § Ier, n° 1, de la loi du 27 mars 1851.

(2) Il en serait autrement si l'acheteur avait été trompé sur le titre. Dans ce cas, il y aurait tromperie sur la quantité, ainsi que nous l'avons vu n° 17.

Un meuble en bois peint pour un meuble en ébène;

Un objet d'art en cuivre ou composition pour un bronze ;

Une étoffe de laine pour une étoffe *pure soie*;

Un tissu de coton pour un tissu de fil.... (1)

49.—Il y a tromperie sur la nature de la marchandise, si l'acheteur est induit en erreur sur l'origine de l'objet qui lui est vendu.

Ainsi, la Cour de Paris a décidé, avec raison, que le fait d'avoir vendu comme vin du crû de Château-Latour, du vin d'une autre origine, constitue le délit prévu par l'art. 423 du Code pénal : « Considérant qu'il est constant que le « mandataire de B... et de G... avait demandé « et que Ch... avait promis du vin de Château-« Latour, récolte de 1848, par lui offert en vente « au public, suivant publication faite dans les « journaux ; — Considérant que Ch... reconnaît « n'avoir pas possédé du vin de ce crû lors de « ces annonces, et avait, le 6 février 1854, livré « et facturé au mandataire de B... et de G..., « comme vin de Château-Latour, récolte de « 1848, une pièce de vin ne provenant pas de ce

(1) Voir sur cette dernière tromperie, arrêt de la Cour de Rouen, du 18 juillet 1856. (*Gazette des Tribunaux* des 11 et 12 août 1856).

« crû ; — Qu'ainsi, Ch... a trompé l'acheteur sur « la substance même et, par conséquent, sur la « nature de la marchandise, objet du contrat ; « que le fait de tromperie et l'intention fraudu- « leuse qui a présidé à sa consommation, consti- « tuent les éléments du délit prévu et puni par « l'art. 423 du Code pénal (1). »

(1) Arrêt du 18 mai 1854. (*Gazette des Tribunaux* du 19 mai 1854). — Dans le cas où, pour tromper plus sûrement l'acheteur, le vendeur emploierait une fausse marque de fabrique, on devrait appliquer la loi spéciale du 28 juillet 1824, qui prononce, d'ailleurs, les mêmes peines que celles portées par l'art. 423 du Code pénal. Depuis longtemps une loi nouvelle sur les marques de fabrique est à l'étude. Le projet présenté au Corps législatif pendant sa dernière session, mais non discuté par lui, renferme à l'égard du délit de tromperie sur la nature de la marchandise vendue un article ainsi conçu :

« Art 8. Sont punis d'une amende de 200 fr. à 2,000 fr., et « d'un emprisonnement d'un mois à un an, ou de l'une de ces « deux peines seulement : 1° ceux qui ont fait usage d'une mar- « que portant des indications propres à tromper l'acheteur sur « la nature du produit ; 2° ceux qui ont sciemment vendu ou « exposé en vente un ou plusieurs produits revêtus d'une mar- « que portant des indications propres à tromper l'acheteur sur « la nature du produit. »

Le rapporteur des lois de 1851 et 1855 exprimait, de son côté, le désir de voir rendre une loi nouvelle sur les usurpations de noms, marques de fabrique, etc. « La nécessité de laisser à d'au- « tres études, dit-il dans son rapport sur la loi de 1851, cette « question des marques, des constatations préalables, des trom- « peries sur la provenance, est l'une des raisons qui nous ont en- « gagés à ne pas embrasser tout le domaine de l'article 423. » Et il ajoute, dans son rapport sur la loi de 1855 : « Quant à ce « genre de tromperie qui consisterait, non à simuler le vin, ou « à en grossir le volume, ou à tromper sur sa qualité ou son « prix, par des mixtions et manipulations diverses, mais à don-

50. — Il y a également tromperie sur la nature de la marchandise vendue, dans le fait de vendre sous le nom de l'inventeur d'un produit industriel, une composition qui n'est point identique avec ledit produit, à la condition, bien entendu, que celui-ci a une nature particulière.

C'est ce qui a été décidé, après de longs et importants débats, au profit des frères Véron, inventeurs d'un produit industriel, composé en partie de gluten, qu'ils extraient préalablement du meilleur froment et auquel ils ont donné le nom de *Gluten granulé.* Des fabricants de pâtes alimentaires avaient imaginé d'imiter ce produit en granulant de la pâte, uniquement composée de farine, et ils vendaient la leur sous le nom de gluten granulé ou gluten

Ces fabricants, d'abord poursuivis en contrefaçon par les frères Véron, et successivement acquittés par le tribunal de la Seine et la Cour de Paris, se virent ensuite poursuivis par les mêmes adversaires pour tromperie sur la nature de la marchandise vendue. La Cour de Paris refusa de nouveau de condamner les prévenus : « At-

« ner à un vin véritable et homogène un nom fallacieux, à lui « attribuer un crû qui n'est pas le sien, ce n'est pas à la loi sur « les falsifications qu'il appartient d'atteindre ces supercheries « dans les cas où elles doivent être réprimées. Cet ordre d'idées « se rattache aux problèmes que peut soulever la législation « promise sur les usurpations de noms, les marques de fabrique « ou d'origine, sur les constatations de provenance. »

« tendu, dit son arrêt en date du 4 janvier 1851, « que le nom de *gluten*, si on le prend dans son « acception propre, ne devrait être donné qu'à la « substance de ce nom, qui forme l'un des élé- « ments constitutifs de la farine; mais attendu « que les sieurs Véron eux-mêmes ont donné, « sous le nom de gluten granulé, une pâte ali- « mentaire composée de gluten et de farine ; « qu'ainsi, Manchien et Chatillon, en vendant « sous le même nom d'autres pâtes alimentaires « composées seulement de farine, et qui ne con- « tiennent, par conséquent, d'autre gluten que « celui de la farine, n'ont pas, par cela seul, « trompé le public sur la nature de la marchan- « dise (1). »

La Cour de Cassation trouva, au contraire, dans ce fait, les caractères du délit prévu par l'art. 423 : « Attendu, dit-elle, qu'il n'est point « méconnu par l'arrêt attaqué, que le produit in- « dustriel obtenu par les sieurs Véron, à l'aide « de procédés brevetés à leur profit... constituait « une marchandise nouvelle, ayant sa nature « propre et particulière, et à laquelle les inven- « teurs avaient donné le nom de gluten granulé; « — Attendu qu'il est constaté par l'arrêt atta- « qué, que Chatillon et Manchien ont vendu, le « premier comme *gluten*, le second comme *glu-*

(1) Devil. et Car., 1851, 1, 217.

« *ten granulé*, une pâte dans laquelle ils ne fai-
« saient point entrer ce produit industriel, et qui
« n'était composée qu'avec de la farine ordinaire;
« — Qu'en décidant, dans cet état des faits, que
« lesdits Chatillon et Manchien n'ont point com-
« mis le délit de tromperie sur la nature de la
« marchandise vendue, délit prévu et puni par
« l'art. 423 du Code pénal, la Cour de Paris,
« chambre correctionnelle, a violé ledit article;
« — Casse, etc. (1). »

La Cour d'Orléans, saisie par suite du renvoi de la Cour suprême, décida dans le même sens que celle-ci contre les prévenus; en conséquence, elle déclara les sieurs Chatillon et Manchien coupables d'avoir commis le délit de tromperie sur la nature de la marchandise, « en vendant au cours
« des années 1849 et 1850, de la farine granulée,
« sous les noms, l'un, de *gluten Chatillon*, et
« l'autre, de *gluten granulé de Manchien*, bien
« que cette farine ne contienne aucune addition
« de gluten (2). »

Le même principe a été consacré par un arrêt de la Cour de Paris, en date du 17 mars 1855, dans une espèce où il s'agissait d'une eau (remède secret) vendue par un sieur Moulin à un sieur Barbier-Bouvet, comme étant celle de Brochieri.

(1) Arrêt du 15 février 1851. (Devil. et Car., 1851, 1, 218).
(2) Arrêt du 30 avril 1851. (Devil. et Car., 1852, 2, 88).

Le principal considérant, au point de vue de la qualification du délit, est ainsi conçu :

« Considérant qu'en vendant, en 1854, à Bar-
« bier-Bouvet, pour eau de Brochieri, une eau fa-
« briquée non par Brochieri, mais faite par lui-
« même, sur laquelle il avait apposé de fausses
« marques, eau dont la composition n'est pas iden-
« tique, et dont les effets, en conséquence, ne sont
« pas les mêmes, Moulin a trompé Barbier-Bou-
« vet, non-seulement sur l'origine et la qua-
« lité de la chose vendue, mais sur la nature
« même de cette chose; que l'acheteur, en
« effet, a reçu une autre chose que celle qu'il
« demandait, un médicament à la place d'un
« autre (1). »

51.—Il y a tromperie sur la nature de la marchandise lorsque l'objet livré est complétement impropre à l'usage pour lequel il était vendu.

Ainsi la Cour de Paris a frappé des dispositions de l'art. 423 le fait, de la part du vendeur, d'avoir livré comme bonnes ou officinales, des sangsues bâtardes ou gorgées de sang, et dès lors impropres à l'usage médical auquel on les destinait (2).

(1) Devil. et Car., 1855, 1, 458.—Le pourvoi formé contre cet arrêt a été rejeté par arrêt de la Cour de cassation du 8 juin 1855 (Devil. et Car., 1855, 1, 459).

(2) Voir nos observations au n° 14.

Cette question avait été savamment traitée devant la Cour par deux avocats éminents, qui soutenaient ne pas trouver dans le fait reproché aux prévenus la tromperie sur la nature, mais bien seulement sur la qualité de la chose vendue. « La « tromperie sur la valeur, sur les qualités de la « marchandise, ne donnerait pas lieu, disait-on, « à l'application de l'art. 423 du Code pénal. Eh « bien! dans l'espèce, on a voulu acheter des « sangsues, on a vendu des sangsues. Sont-ce des « sangsues bâtardes ou non? C'est une question « accessoire, où il s'agit de la qualité, du volume, « mais non pas de la nature intrinsèque de la « marchandise. »

Mais à cela il a été répondu par le Tribunal et par la Cour : « Que le commerce loyalement exercé « doit se proposer, en réalisant des bénéfices hon- « nêtes, de procurer aux acheteurs une marchan- « dise propre à l'usage auquel les acheteurs la « destinent; — que, par suite, les tribunaux doi- « vent considérer qu'il y a tromperie sur la na- « ture de la marchandise vendue, toutes les fois « qu'il y a vente d'une marchandise qui, quoique « pouvant en apparence porter le nom qu'on lui « donne, se trouve avoir été falsifiée et dénaturée « de telle manière, que cette marchandise est « complétement impropre à l'usage auquel elle « est destinée, lorsque de plus il est constant que « celui qui a vendu n'a pas ignoré la falsification

« qui a eu lieu ; — attendu, continue le jugement, « après avoir examiné les faits de la cause, que, « d'après ces faits établis et par l'instruction et « aux débats, les sangsues bâtardes (1), qui sont « d'une espèce particulière, et les sangsues gorgées (2) à un certain degré, ne peuvent être « considérées comme loyales et marchandes, et « que la vente de ces sangsues comme sangsues « officinales a pour résultat de tromper le public « inexpérimenté sur la nature propre des sangsues qu'il achète pour l'usage auquel ces annélides sont destinées dans la médecine (3). »

Le même principe a été adopté par un arrêt important de la Cour d'Angers.

Il s'agissait de noir animal destiné à l'amélioration de la terre, mais tellement mélangé de matières étrangères, qu'il ne pouvait pas servir,

(1) Parmi les sangsues, il y en a de bonnes pour l'usage médicinal, on les appelle *officinales* ; il y en a d'autres qui, ne pouvant prendre qu'une très-petite quantité de sang, ne sont jamais employées dans la médecine, on les appelle *bâtardes*.

(2) Les sangsues même officinales, peuvent être altérées par e gorgement, qui a pour résultat, en en augmentant le volume, et, par suite, la valeur apparente, de diminuer et même de faire cesser complétement les propriétés qu'on recherche dans les sangsues.

(3) Jugement du tribunal de la Seine, du 16 juillet 1847, confirmé avec aggravation de peine, mais sans motifs nouveaux, par arrêt de la Cour de Paris, du 28 janvier 1848 (Devil. et Car., 1848, 2, 76).

sans danger pour l'agriculture, à l'usage pour lequel il avait été vendu. La Cour d'Angers a qualifié cette falsification de délit de tromperie sur la nature de la marchandise. Nous croyons que c'est là une juste interprétation de la loi, et nous trouvons heureux que l'art. 423 puisse atteindre ce fait qui, autrement, resterait impuni, puisque, la falsification ne portant pas ici sur une substance alimentaire ou médicamenteuse, la loi du 27 mars 1851 serait complétement inapplicable.

L'arrêt d'Angers est ainsi motivé : « Considé-
« rant qu'il résulte de l'instruction, qu'au cours
« de 1846 D... a vendu à un grand nombre de
« personnes des quantités diverses et considéra-
« bles de noir animal pour l'engrais et la fertili-
« sation des terres ; qu'il avait annoncé, même
« par des affiches imprimées, que ses noirs étaient
« purs et sans mélange, reconnus, par la com-
« mission, de première qualité, et qu'il en don-
« nerait garantie ; — que néanmoins il a été trouvé
« dans les noirs vendus des matières hétérogènes
« pour 2/3, 3/4 et même 4/5 ; — considérant que
« la marchandise ainsi profondément altérée dans
« ses éléments substantiels, ne pouvait atteindre
« l'objet de sa destination ; que dans le sens de la
« loi, protectrice de la bonne foi commerciale, il
« est vrai de dire que les acheteurs ont été trom-
« pés sur la nature de cette marchandise par une
« fraude d'autant plus répréhensible qu'elle af-

« fecte une source importante de la richesse pu-
« blique (1). »

CHAPITRE II.

POURSUITE ET RÉPRESSION DU DÉLIT DE TROMPERIE SUR LA NATURE.

SOMMAIRE.

N. 52. — La tromperie sur la nature est un délit. — Conséquences.
N. 53. — Appréciation souveraine des tribunaux.
N. 54. — Le ministère public peut poursuivre sans qu'il y ait plainte de la partie lésée.
N. 55. — Cas où toute poursuite devient impossible.
N. 56. — Pénalité en cette matière. — Emprisonnement. — Amende. — Confiscation. — Insertion et affiche du jugement. — Destruction ou effusion des objets vendus.
N. 57. — *Quid*, au cas où le tribunal reconnaît l'existence de circonstances atténuantes ?
N. 58. — *Quid*, en cas de récidive ?
N. 59. — Observations relatives à l'emprisonnement.
N. 60. — Observations relatives à l'amende. — Amende fixe. — Amende proportionnelle.

(1) Arrêt du 15 février 1848 (*Journal du Palais*, 1848, t. II, page 91).

52. — La tromperie sur la nature, comme la tromperie sur la quantité, ne peut constituer un délit que s'il y a intention coupable de la part du prévenu (1).

53. — Les tribunaux ont ici, comme en toute matière correctionnelle, un pouvoir souverain d'appréciation. Par conséquent, on doit regarder comme étant à l'abri de la censure de la Cour de cassation, l'arrêt ou le jugement par lequel une Cour ou un tribunal reconnaît que la vente a eu lieu sans intention de tromper.

Il en serait de même, bien entendu, dans le cas, au contraire, où la décision judiciaire reconnaîtrait l'existence de l'intention frauduleuse (2).

Il faut appliquer à la tromperie sur la nature comme à la tromperie sur la quantité, l'arrêt rendu par la Cour de cassation après partage, le 4 février 1854, et dont nous avons reproduit plus haut les principaux motifs (Voir n° 27).

54.—Le délit de tromperie sur la nature de la marchandise, peut être, comme la tromperie sur la

(1) Voir n° 26.

(2) Voir n° 27 ; voir aussi n° 95.

quantité, poursuivie à la requête du ministère, en absence même de toute plainte de la part de la partie lésée. C'est ce qu'a formellement déclaré, avec raison, suivant nous, la Cour d'Angers, par un arrêt du 15 février 1848 (1).

55. — Remarquons que toute poursuite devient impossible, du moment où il y a eu entrée de la marchandise dans les magasins de l'acheteur, si cette marchandise, non plombée ou non cachetée, ne porte aucune marque certaine indicative de son identité.

Aussi, dans le cas de poursuite pour tromperie sur la nature des farines vendues, si l'acheteur s'est livré des farines contenues dans des sacs non plombés, il ne saurait plus y avoir de poursuites, la prise de livraison rendant impossible la constatation de l'identité des marchandises livrées et entrées chez l'acheteur (2).

56.—Le délit de tromperie sur la nature de toutes marchandises est, comme la tromperie sur la quantité, frappé à la fois, et des peines portées en l'art. 423 du Code pénal et de celles portées par la loi du 27 mars 1851 (3), c'est-à-dire de l'empri-

(1) *Journal du Palais*, 1848, t. II, page 91. — Voir n° 28.

(2) Voir n° 123.

(3) Voir n° 29. — Les art. 2, 4 et 5 s'appliquent d'une ma-

sonnement pendant trois mois au moins, un an au plus, et d'une amende qui ne peut excéder le quart des restitutions et dommages-intérêts, ni être au-dessous de cinquante francs.

S'il s'agit de substances alimentaires, médicamenteuses ou de boissons, et que ces substances ou boissons contiennent des mixtions nuisibles à la santé, la peine de l'emprisonnement est de trois mois à deux ans, celle de l'amende de 50 fr. à 500 fr., à moins que le quart des restitutions et dommages-intérêts n'excède cette dernière somme (1).

Il faut de suite remarquer que cette aggravation de peine a lieu alors même que la falsification nuisible serait connue de l'acheteur ou consommateur (2).

A côté de cette double peine se trouve la saisie et la confiscation des objets dont la vente constitue le délit (3).

Si ces objets sont propres à un usage alimentaire ou médical, le tribunal peut les mettre à la disposition de l'administration pour être attribués

nière *expresse* à la tromperie sur la nature de la marchandise, quoique les caractères constitutifs de ce délit se trouvent exclusivement énoncés dans l'art. 423 du Code pénal.

(1) Loi du 27 mars 1851, art. 2. Loi du 5 mai 1855.

(2) Mêmes lois.

(3) Loi du 27 mars 1851, art. 5. — Loi du 5 mai 1855. — Code pénal, art. 477. — Voir n° 29.

aux établissements de bienfaisance. S'ils sont impropres à cet usage ou nuisibles, les objets sont détruits ou répandus, aux frais du condamné. Le tribunal peut ordonner que la destruction ou l'effusion aura lieu devant l'établissement ou le domicile du condamné.

Enfin, le tribunal peut ordonner l'affiche du jugement dans les lieux qu'il désigne, et son insertion intégrale ou par extrait dans tous les journaux qu'il désigne, le tout aux frais du condamné (1).

57. — La peine peut être diminuée par le juge lorsqu'il reconnaît l'existence de circonstances atténuantes, l'art. 463 du Code pénal étant, comme nous l'avons déjà vu (2), applicable aux délits prévus par la loi du 27 mars 1851 et aux délits prévus par la loi du 5 mai 1855 relative aux boissons.

D'après cet article, même en cas de récidive du délit de tromperie portant sur des substances ou boissons nuisibles à la santé, le juge peut réduire l'emprisonnement au-dessous de six jours et l'amende au-dessous de 16 fr. ; il peut aussi prononcer séparément l'une ou l'autre de ces peines et même substituer l'amende à l'emprison-

(1) Loi du 27 mars 1851, art. 6. Voir n° 29.

(2) Voir n° 30.

nement, sans qu'en aucun cas elle puisse être au-dessous des peines de simple police.

58.—La peine peut, au contraire, être augmentée lorsqu'il y a récidive, c'est-à-dire lorsque le prévenu, convaincu de contravention aux lois de 1851 et de 1855 ou à l'art. 423 du Code pénal, aura, dans les cinq années qui ont précédé le délit, été condamné pour infraction à ces deux lois ou à l'art. 423 (1).

Dans ce cas la peine pourra être :

D'un emprisonnement de trois mois à deux ans, si l'objet du délit n'est pas nuisible à la santé, et de trois mois à quatre ans s'il est nuisible à la santé ;

D'une amende de 50 fr. à 1,000 fr. si la moitié des restitutions et dommages-intérêts n'excède pas cette somme.

59.—La peine de l'emprisonnement est parfaitement définie par la loi.

Elle est de trois mois à un an si les objets dont la vente constitue le délit, ne sont pas nuisibles à la santé.

De trois mois à deux ans, si ces objets sont, au contraire, nuisibles à la santé.

(1) Voir n° 34.

Lorsqu'il y a récidive, l'emprisonnement peut s'élever :

Jusqu'à deux ans dans le premier cas ;

Jusqu'à quatre ans dans le second.

Cette aggravation de peine se justifie d'elle-même, car il y a un danger plus grand pour l'intérêt social, et en outre une culpabilité plus grave de la part du prévenu qui ne recule pas devant l'idée de causer la maladie, peut-être la mort de son semblable. « L'art. 2, dit M. Riché « dans son rapport, emprunte à l'art. 318 son « maximum, et à l'art. 423 son minimum. Il en « résulte qu'il y aura aggravation facultative « quand le résultat de la falsification compro- « mettra la santé d'un manière directe et pro- « chaine. »

L'emprisonnement peut descendre jusqu'à 24 h. mais sans pouvoir jamais avoir moins que cette durée (1).

60. — La peine de l'amende peut être, d'après ce que nous venons de voir :

De 50 fr. au minimum et au plus du quart des restitutions et dommages-intérêts, si l'objet vendu n'est pas nuisible à la santé ;

De 50 fr. au minimum, et au maximum de 500 fr. dans le cas seulement où le quart des res-

(1) Voir ce que nous avons dit à ce sujet, n° 31.

titutions et dommages n'excède pas cette somme, si les objets vendus sont nuisibles à la santé.

L'amende peut descendre jusqu'à un fr. en cas de circonstances atténuantes, même en cas de récidive, que les objets soient ou non nuisibles à la santé.

Mais elle peut, d'un autre côté, en cas de récidive, être élevée jusqu'à 1,000 fr. si la moitié des restitutions et dommages-intérêts n'excède pas cette somme, l'amende proportionnelle étant dès lors basée, non plus sur le quart mais bien sur la moitié des restitutions et dommages-intérêts estimés par le juge.

Observons, comme nous l'avons déjà fait pour la tromperie sur la quantité (1), que l'amende ne peut jamais s'élever au-dessus du maximum, et que la seule amende à prononcer est celle de 50 fr., s'il n'est pas justifié par le jugement que le quart ou la moitié des restitutions et dommages-intérêts excède cette somme.

61.—La peine de la confiscation des objets vendus, ainsi que l'affichage du jugement, se justifient d'eux-mêmes, et nous approuvons complétement, pour notre part, la faculté laissée aux tribunaux de faire détruire ces objets devant la porte du delinquant et de faire afficher à l'extérieur de son

(1) Voir n° 32.

magasin le jugement ou l'arrêt de condamnation.

C'est surtout en cas de récidive que ces deux peines exemplaires peuvent produire un heureux résultat au point de vue de l'intérêt général; il faut que chacun connaisse les marchands faisant habituellement la fraude, de manière à leur prouver que la cupidité n'est pas toujours le meilleur moyen de s'enrichir. « Ces châtiments exemplai-« res, dit M. Riché dans son rapport en parlant « de ces deux peines, sont déjà, dans certaines « villes, infligés quelquefois par les soins de la « police; il importe que le tribunal seul déter-« mine dans quels cas et dans quelles mesures « ils doivent être appliqués, et que la publication « ait lieu aux frais du condamné. »

Mais il faut que ces peines facultatives soient prononcées avec la plus grande circonspection, car l'équité et l'intérêt général exigent qu'il ne soit pas fait abus d'une telle sévérité, réservée exclusivement aux fraudeurs les plus incorrigibles.

62. —Enfin les restitutions et dommages-intérêts sont arbitrés par les tribunaux correctionnels avec la plénitude de juridiction qui leur appartient.

Mais il ne devrait pas, selon nous, en être accordé dans le cas où la nature nuisible de l'objet vendu était connue de l'acheteur ou du consommateur. « Le juge, dit M. Riché dans son rap-

« port, accorderait sans doute difficilement des « dommages-intérêts, et cependant pourrait éle- « ver l'amende dans une circonstance qui peut « être prévue ; celle d'une intempérance dont les « grossiers raffinements demanderaient à la cu- « pidité des breuvages... dont le consommateur « connaîtrait les éléments nuisibles. »

TITRE III.

Falsifications et corruption de denrées ou substances alimentaires ou médicamenteuses, et de boissons.

CHAPITRE PREMIER.

OBSERVATIONS GÉNÉRALES.

SOMMAIRE.

N. 63. — Les dispositions nouvelles relatives à la falsification et à la corruption, ne s'appliquent qu'aux substances ou denrées alimentaires ou médicamenteuses, et aux boissons.

N. 64. — Peu importe que les substances alimentaires soient liquides ou solides.

N. 65. — L'avoine est à la fois une substance alimentaire, médicamenteuse et un fourrage. — Conséquences.

63. — A la différence des dispositions pénales dont nous nous sommes occupés jusqu'ici, et qui s'appliquent aux tromperies sur la quantité et sur la nature de *toutes* marchandises (1), celles qui font l'objet du présent titre ne s'appliquent, au contraire, qu'aux denrées ou substances alimentaires ou médicamenteuses et aux boissons.

C'est ce qui résulte de la discussion de la loi du 27 mars 1851, à l'Assemblée législative. M. Sautayra avait proposé un amendement ainsi conçu : « Ceux qui auront trompé ou tenté de tromper sur « la nature ou sur la qualité des choses vendues « ou qu'ils auront tenté de vendre. »

M. Riché, rapporteur de la loi, s'opposa à l'adoption de cet amendement. « M. Sautayra, dit- « il à l'Assemblée, demande qu'on punisse les « tromperies sur la nature et sur la qualité de « toute espèce de marchandises. D'abord, *toute « espèce de marchandises, c'est sortir du cercle « de notre loi*... (2). »

La falsification des substances ou denrées alimentaires ou médicamenteuses et des boissons, tombe donc seule sous l'application des lois des 27 mars 1851 et 5 mai 1855.

(1) Voir n°s 10 et 37.

(2) *Moniteur* du 27 mars 1851, page 895.

De ces expressions, substances ou denrées *alimentaires* ou *médicamenteuses* et *boissons*, les premières seulement peuvent donner lieu à quelques explications, chacun pouvant facilement se rendre compte de ce qu'il faut entendre par *substances médicamenteuses* et *boissons*.

64.—La loi de 1851 s'applique indistinctement aux substances alimentaires *solides et liquides*.

La Cour de cassation avait jugé antérieurement à la loi de 1855 sur les boissons, que la loi de 1851 s'appliquait aux substances alimentaires liquides, dans lesquelles elle avait rangé le lait et le vinaigre. Ce qui pouvait alors faire question n'aurait plus aujourd'hui d'intérêt, la falsification des boissons étant complétement assimilée par la loi de 1855 à celle des substances alimentaires solides (1).

65. — Mais il peut s'élever des difficultés assez graves sur la question de savoir si certaines substances doivent être rangées dans la catégorie des substances alimentaires.

On s'est demandé, par exemple, ce que l'on devait décider à l'égard de l'avoine.

Le Tribunal d'Evreux, saisi de cette question,

(1) Arrêts des 5 janvier, 2 mars et 14 avril 1855 (Devil. et Car., 1855, 1, 310 et 313)

avait implicitement décidé que l'avoine n'est pas une substance alimentaire (1). La Cour de Rouen, abordant nettement le point de la difficulté, a décidé formellement que l'avoine était une substance alimentaire (2).

Nous ne pouvons qu'approuver cette opinion, conforme d'ailleurs à l'avis des hommes les plus compétents, et notamment de M. Payen, qui s'exprime ainsi dans son ouvrage sur les *Substances alimentaires* : « L'avoine, débarrassée de ses « écailles ou enveloppes, forme une sorte de « gruau employé avec succès dans l'alimentation « des hommes en Irlande et en Écosse, et plus « particulièrement introduit dans le régime ali- « mentaire des enfants, sous forme de potages, « dans toute l'Angleterre. On en fait également « usage dans quelques contrées de la France où « le froment est à un prix trop élevé pour une « grande partie de la population. Dans les diffé- « rentes contrées de l'Europe, on prépare, avec « le gruau d'avoine, des décoctions amilacées et « mucilagineuses formant des tisanes adoucis- « santes ou nutritives. »

Il faut seulement remarquer que l'avoine étant plutôt, en principe général, un fourrage qu'une

(1) Jugement du 27 avril 1855.

(2) Arrêt du 8 juin 1855. (Voir nos observations sur cet arrêt, dans l'*Echo agricole* du 28 juin 1855. — Jurisprudence. — Revue mensuelle.)

substance alimentaire, il se peut que la falsification de l'avoine ne constitue pas le délit de falsification d'une substance alimentaire. Si, par exemple, le prévenu établit qu'il a vendu une grande quantité d'avoine destinée à servir de fourrage ; s'il a vendu à une entreprise de roulage ou de messageries, par exemple, il n'y a pas le délit prévu par la loi de 1851, le vendeur sachant parfaitement que sa marchandise n'est pas destinée à l'alimentation de l'homme. Mais ce sera, selon nous, au prévenu à faire sa preuve, la présomption étant que l'acheteur peut vouloir faire servir l'avoine à celui des usages qui lui conviendra le mieux, c'est-à-dire à l'employer selon sa volonté, comme fourrage, comme substance alimentaire ou comme substance médicamenteuse.

CHAPITRE II.

FALSIFICATIONS.

SECTION PREMIÈRE.

ACTES PRÉPARATOIRES DU DÉLIT.

SOMMAIRE.

N. 66, — En quoi consistent les actes préparatoires du délit de falsification ?

N. 67. — Ils ne sont réprimés qu'à Paris, chez les marchands de vins. — Décret de 1813.
N. 68. — Pénalité. — Amende. — Emprisonnement. — Fermeture de l'établissement.

66. — L'on entend par acte préparatoire du délit la détention, de la part d'un marchand ou débitant, de matières propres à la falsification.

67.—Il n'y a pas, dans la loi de 1851, de disposition pénale concernant ces actes préparatoires.

Cela n'existe que pour les vins et dans la ville de Paris seulement. L'art. 11 du décret du 15 décembre 1813, *portant règlement sur le commerce des vins à Paris*, est ainsi conçu :

« Il est défendu à toutes personnes faisant à « Paris le commerce des vins, de fabriquer, al- « térer ou falsifier les vins (1); d'avoir dans leurs « caves, celliers et autres parties de leur domi- « cile ou magasin, des cidres, bières, poirés, « sirop, mélasse, bois de teinture, vins de la « pressée, eaux colorées et préparées, et aucunes « matières quelconques propres à fabriquer, fal- « sifier ou mixtionner les vins, et ce sous les « peines portées aux articles 318, 475 et 476 du « Code pénal, et en outre sous peine de fermeture « de leurs établissements, par ordonnance du « préfet de police. »

(1) Cette première partie de l'art. est aujourd'hui abrogée par la loi du 5 mai 1855 sur les boissons.

68.—Il résulte de cet article que dans la ville de Paris, et chez les marchands de vins seulement, la détention de matières propres à falsifier ou à altérer les vins, constitue une contravention, si le résultat de la falsification ne doit pas être nuisible à la santé, et un délit, si, au contraire, le vin falsifié doit être nuisible à la santé.

Dans le premier cas, la peine est de 6 à 10 fr. d'amende (Art. 475 § 6, Code pénal), et peut être aussi d'un emprisonnement de trois jours au plus (Art. 476, même Code); dans le second cas, la peine est d'un emprisonnement de six jours à deux ans et d'une amende de 16 fr. à 500 fr. (Art. 318 du même Code).

Le décret de 1813 menace aussi le délinquant de voir fermer son établissement par ordonnance du préfet de police.

Cette dernière disposition est en contradiction formelle avec l'esprit de la loi de 1855 sur les boissons (1). En effet, on voit dans la discussion de cette loi, que M. Dalloz ayant proposé : « de « donner aux tribunaux la faculté de prononcer « contre le falsificateur l'interdiction du négoce,

(1) M. Riché disait, dans son rapport : « Le commerce de Pa- « ris, signalant l'existence de fabriques frauduleuses, obtint un « décret, du 24 janvier 1813, spécial pour cette ville. Mais si « quelques-unes des institutions créées alors sont restées de- « bout, les dispositions prononçant la fermeture de l'établisse- « ment en cas d'abus, ne paraissent pas avoir résisté à l'action « des principes généraux sur la liberté de l'industrie. »

« pour un temps qui ne pourrait être moindre de « quinze jours ; » son amendement fut vivement combattu par le rapporteur et ne fut même pas soumis au vote du Corps Législatif. « Une pareille « disposition, disait M. Riché, serait en désac- « cord avec l'esprit général de la législation, qui « est favorable à la liberté du commerce... La « commission n'a pas cru devoir briser l'indus- « trie d'un homme que la punition aura peut-être « amendé.... » (1).

Nous adoptons complétement cette opinion, mais nous nous demandons à quoi sert le soutien de ces principes en face du décret du 29 décembre 1851, dont les art. 1 et 2 sont ainsi conçus : « Art. « 1er. Aucun café, cabaret ou autre débit de bois- « sons à consommer sur place, ne pourra être « ouvert, à l'avenir, sans la permission préalable « de l'autorité administrative. — Art. 2. La ferme- « ture des établissements désignés en l'art. 1er, « qui existent actuellement ou qui seront auto- « risés à l'avenir, pourra être ordonnée, par ar- « rêté du préfet, soit après une condamnation « pour contravention aux lois ou règlements qui « concernent ces professions, soit par mesure de « sûreté publique. »

Nous n'en devons pas moins constater que l'interdiction du commerce prononcée par le décret

(1) Séance du 13 avril 1855 (*Moniteur* du 15 avril, p. 425.)

de 1813, ne doit pas être appliquée aujourd'hui ; le rapport et la discussion de la loi de 1851 prouvent suffisamment que telle est l'intention formelle du législateur.

SECTION DEUXIÈME.

CARACTÈRES CONSTITUTIFS DU DÉLIT.

SOMMAIRE.

N. 69. — Le simple fait de la falsification d'une substance alimentaire ou médicamenteuse, ou d'une boisson, constitue un délit, lorsque ces objets sont destinés à être vendus.

N. 70. — Les falsifications de telles substances rentrent sous l'application des lois de 1851 et de 1855, quelque importantes qu'elles puissent être.

N. 71. — La tromperie sur la qualité, au moyen de la falsification, constitue un délit.

N. 72. — Définition de la falsification.

N. 73. — Il faut, pour qu'il y ait délit, que le mélange opéré soit frauduleux.

N. 73 *bis*. — Peut-on s'annoncer comme fabricant de substances ou boissons falsifiées ?

N. 74. — Exemples de mélanges ne constituant pas le délit de falsification. — Renvoi.

69.—La loi punit, comme nous le verrons plus tard, la vente de substances alimentaires ou mélicamenteuses, et de boissons falsifiées ou corrompues; c'est là ce qui constitue le délit le plus grave que la loi de 1851 ait pour but de réprimer.

Mais, pour arriver à ce résultat, il fallait frapper le falsificateur qui donne au marchand déloyal le moyen de tromper le public; la falsification d'objets destinés à être vendus constitue donc un délit, lors même que le falsificateur ne se propose pas de vendre lui-même.

« Le projet que nous vous soumettons, disait
« M. Riché dans son rapport, permet de surpren-
« dre le fait lui-même de fabrication, de falsifi-
« cation. Il importe que la surveillance puisse
« pénétrer dans les repaires de la manipulation
« frauduleuse et la tarir à sa source même. Déjà
« la loi de l'an XI invite les inspecteurs à entrer
« dans les laboratoires des pharmaciens. La police
« pourra découvrir des ateliers clandestins, ex-
« plorer inopinément des cuisines de restaurateurs
« suspects. Jusqu'à présent le falsificateur ne
« pouvait guère être poursuivi, à moins qu'on ne
« réussît à le faire considérer comme complice
« d'une vente incriminée. »

La loi punit donc la falsification des substances alimentaires ou médicamenteuses et des boissons, toutes les fois qu'elle peut servir plus tard à tromper l'acheteur, lors même qu'il n'y aurait de la part du falsificateur, ni vente, ni tentative de vente.

70. — Nous croyons qu'il est utile de placer toutes les falsifications, quelque importantes qu'elles soient, sous l'application des lois : du 27 mars 1851, lorsqu'il s'agit de substances alimentaires ou médicamenteuses, et du 5 mai 1855 lorsqu'il s'agit de boissons.

Avant 1851 il fallait toujours rechercher si la falsification portant sur les substances alimentaires ou médicamenteuses, arrivait à en changer la nature; l'art. 423 du Code pénal (tromperie sur la nature) était alors la seule arme contre le falsificateur, tandis que les art. 475 et 318 punissaient la falsification des boissons.

Sous l'empire de ces articles, la Cour de cassation avait décidé que toute falsification de boissons, quelque importante qu'elle fût, rentrait sous l'application de ces articles. « Attendu, dit l'arrêt, « que d'après l'art. 475 § 6, Code pén, maintenu par la loi du 27 mars 1851, toute altération ou falsification de boissons est punie des « peines de police déterminées par ledit article « et par l'art. 477; que, hors le cas où il y a « mixtion de matières nuisibles à la santé, la loi « ne distingue pas et embrasse dans sa disposition, toutes les altérations et toutes les falsifications, quels que soient leur importance et « leur résultat. — Attendu, dès lors, que les faits « constatés présentant le caractère d'une falsification et d'une altération des liquides dont il

« s'agissait, rentraient, quelque profonde que fût « cette altération, dans les termes de l'art. 475 « § 6 précité et n'étaient pas prévus par l'art. « 423 C. p. (1). »

Aujourd'hui, l'art. 1er § 1er de la loi de 1851, et la loi du 5 mai 1855, prévoient la falsification des substances alimentaires ou médicamenteuses et des boissons; il est donc juste d'appliquer la décision précitée de la Cour suprême à tous les cas prévus par ces deux lois.

Toute falsification, quelque importante qu'elle soit, doit donc, en résumé, tomber sous l'application, non de l'art. 423 du Code pénal, mais des lois de 1851 et de 1855, lorsqu'elle porte sur des substances alimentaires ou médicamenteuses et sur des boissons.

71. — Il est à remarquer que la falsification portant sur la *qualité* de ces substances ou boissons est punissable aux termes des lois de 1851 et de 1855.

C'est ce qui a été décidé par plusieurs arrêts de la Cour de cassation (2) ; c'cst ce qui, d'ailleurs,

(1) Arrêt du 11 mai 1855 (Dalloz, 1855, 1, 268). Dans l'espèce, il s'agissait d'une boisson vendue comme vin rouge, mais composée d'une partie de vin blanc, d'une matière colorante et d'une grande quantité de cidre.

(2) Arrêts des 3 décembre 1853 (Devil. et Car., 1854, 1, 218); 27 avril et 8 juin 1854 (*Ib.*, 1854, 1, 586). Voir nos 77 et 78.

résulte du rapport de M. Riché et de la discussion à l'Assemblée. « Quand la tromperie sur la qualité, « disait M. Riché à la tribune, s'opérera par voie « de falsification, elle sera atteinte par notre loi. »

Mais il faut que la différence de qualité soit importante pour constituer un délit ; c'est là un principe d'équité qu'il ne faut jamais méconnaître et qui doit surtout recevoir son application dans cette matière si délicate de la falsification. C'est d'ailleurs le principe consacré en ces termes par le rapport de M. Riché, sur la loi de 1851.

« La simple tromperie sur la qualité des mar- « chandises, qui échappait à l'art 423, pourra être « punie par la loi nouvelle, si cette tromperie « s'exerce sur des denrées alimentaires ou médi- « camenteuses. Car il y a falsification non-seule- « ment dans l'introduction d'une denrée d'une « autre nature, mais dans la mixtion d'une den- « rée d'une nature identique et de qualité nota- « blement inférieure, de manière que le résultat « de l'amalgame soit très-sensiblement moins « propre à l'usage auquel la chose est destinée, « ou d'une valeur considérablement moindre que « la valeur promise par la dénomination ou par « le prix de la marchandise. » (1).

72.—La falsification est le mélange frauduleux

(1) Voir n° 78, à propos du coiffage du blé.

d'une substance étrangère, soit à la substance ou denrée alimentaire ou médicamenteuse, soit à la boisson mise en vente ou vendue.

73. — Il faut donc, pour que le délit existe, que le mélange opéré soit frauduleux ; c'est là le principe le plus important et le plus incontestable de la loi nouvelle.

Le titre même de la loi de 1851, tendant à la répression plus efficace de certaines *fraudes* dans la vente des marchandises, prouverait déjà l'intention du législateur de s'attaquer uniquement à la fraude.

M. Riché, dans ses deux rapports sur les lois de 1851 et de 1855, le dit d'ailleurs d'une manière formelle. En effet, on lit dans celui de la loi de 1851 :

« En présence de la nouvelle législation, comme « en exécution de l'ancienne, le juge correctionnel doit apprécier les intentions, la bonne foi, « les excuses, *frapper la fraude et rien que la* « *fraude;* » et dans celui de la loi de 1855 : « Le « bon sens dit que le *délit c'est la fraude*, le Code « pénal, le Code civil ne définissent pas la fraude « et n'usurpent pas la mission du juge. Le délit, « c'est la fraude ; or, il est des mélanges qui, par « leur but, leur notoriété, repoussent d'abord « toute suspicion. »

Enfin cette intention du législateur s'est encore

manifestée lors de la discussion de la loi de 1851.

L'art. 1er du projet présenté à l'Assemblée était ainsi conçu :

« Seront punis des peines portées par l'art. 423 « du Code pénal, ceux qui falsifieront *frauduleu-* « *sement* des substances ou denrées alimentaires « ou médicamenteuses. »

Une longue discussion s'engagea à ce sujet. M. Sautayra et M. le ministre de la justice demandaient la suppression du mot *frauduleusement*, formant, avec le mot *falsifié*, un pléonasme inutile.

M. Persigny et M. Riché, rapporteur, réclamaient, au contraire, son maintien, ce mot étant nécessaire, selon eux, pour faire comprendre à quelles falsifications devait s'appliquer la loi.

M. Rouher, aujourd'hui ministre de l'agriculture, du commerce et des travaux publics, résumait ainsi dans quelques mots pleins de lucidité la discussion tout entière : « Il est très-utile de « supprimer le mot *frauduleusement*. Dans la ré- « daction de la commission, cela me paraît un « pléonasme avec le mot *falsifié*, dont le sens est « très-nettement spécifié par la législation. Seu- « lement il faut bien retenir ceci, qui est la con- « sidération dominante du débat, que, par cela « seul qu'il s'agit d'un délit, il faudra toujours, « au moment où la condamnation devra être pro- « noncée, rechercher l'intention de l'agent. Le

« délit se compose de deux éléments : le préjudice « matériel et l'intention frauduleuse. Ces princi-« pes généraux suffisent pour déterminer le sens « de l'article. »

Enfin M. Cornudet, commissaire du gouvernement, disait, lors de la discussion de la loi de 1855: « Les tribunaux apprécieront l'intention fraudu-« leuse, car le mot de *falsification* implique né-« cessairement l'idée de fraude. »

Il faut donc, pour qu'il y ait falsification, qu'il y ait intention coupable de la part de celui qui opère le mélange.

73 bis. — Mais le fait de falsification une fois établi ne serait pas innocenté parce que le falsificateur prétendrait avoir l'intention d'avertir les acheteurs ou parce qu'il s'annoncerait comme fabricant de comestibles ou boissons falsifiées (1).

C'est, du moins, ce qui résulte du rapport sur la loi de 1855. « Le falsificateur d'une substance « destinée à être vendue ne serait pas, dit M. Ri-« ché, innocenté parce qu'il prétendrait avoir « l'intention d'avertir les acheteurs, ou parce « qu'il s'annoncerait comme fabricant de comes-« tibles ou boissons falsifiées; autrement on élude-« rait le châtiment par l'audace même. La loi, qu'il « ait ou non un masque, punit celui qui falsifie,

(1) Il en est autrement de la vente d'une substance ou boisson falsifiée, n° 115.

« considère le falsificateur comme complice, en « fournissant l'instrument du délit à tous ceux « qui l'achètent pour le revendre. »

74. — Il n'y a pas intention coupable si le mélange opéré est nécessaire ou même seulement utile dans l'intérêt de la chose vendue.

« Le juge correctionnel, dit le rapport sur la « loi de 1851, ne punira ni les mélanges non « pernicieux révélés par le nom de la marchan- « dise ou par le vendeur (1), ni les mélanges ou « coupages avoués que peuvent réclamer ou légi- « timer la conservation de la chose, les lois de la « fabrication, les besoins de la consommation ou « du commerce, les habitudes locales ou les ca- « prices du goût, pourvu que l'on n'ait pas oublié « frauduleusement les proportions qui doivent être « observées dans ces mélanges. »

C'est ce que disait encore M. Riché dans son rapport sur la loi de 1855 : « Le délit c'est la « fraude. Or, il est des mélanges qui, par leur « but, leur notoriété, repoussent d'abord toute « suspicion. Ce sont les mélanges ou coupages « que réclament la conservation, la guérison, la « clarification de la boisson, son appropriation « au commerce; ceux que justifient les habitudes

(1) Nous nous occuperons de ces mélanges lorsque nous traiterons de la vente des marchandises falsifiées.

« locales reconnues, ou que la science peut ensei-
« gner dans un but légitime. Jamais on ne les
« confondra avec les mixtions destinées à tromper
« l'acheteur par des apparences mensongères.
« Toute préparation a ses lois que l'usage géné-
« ral ou local proclame, protége, et sépare des faux
« qui sont précisément la violation actuelle de ces
« lois. »

On comprend que certains mélanges soient, en effet, utiles et même nécessaires, et nous trouverons à citer plusieurs exemples importants; mais si cela est vrai pour les substances alimentaires et pour les boissons, cela est vrai, à plus forte raison, pour tout ce qui concerne les préparations pharmaceutiques.

Les substances médicinales, que nous ferions mieux d'appeler les produits pharmaceutiques, sont presque toutes composées de plusieurs éléments hétérogènes dont quelques-uns sont des poisons souvent très-violents. Ces préparations, qui varient suivant le but que se propose le médecin, sont toujours des mélanges nécessités par les besoins de la consommation et ne sauraient tomber sous l'application des lois de 1851; le pharmacien qui ne fait qu'exécuter scrupuleusement les prescriptions du médecin, ne commet donc aucun délit.

SECTION TROISIÈME.

ÉNUMÉRATION DES PRINCIPALES SUBSTANCES ALIMENTAIRES ET BOISSONS SUR LESQUELLES PORTE LE DÉLIT DE FALSIFICATION.

SOMMAIRE.

N. 75. — Le délit porte principalement sur la falsification des blés, boissons, farines et lait.

75. — Les mélanges innocents ou coupables portent sur un assez grand nombre de substances ou denrées alimentaires, médicamenteuses et de boissons.

Nous ne pouvons, dans un travail aussi court, examiner au point de vue de la science tous les mélanges déjà connus et les moyens d'arriver à découvrir les falsifications.

Ces points importants, qui nécessitent de profondes recherches et de savantes études, sont élucidés dans les ouvrages si remarquables à tant de titres de MM. Payen et Chevalier.

Nous nous contenterons de présenter ici nos observations sur les mélanges qui ont donné lieu à des décisions judiciaires relativement aux blés, boissons, farines et lait.

ARTICLE PREMIER.

BLÉS.

SOMMAIRE.

N. 76. — Le graissage du blé constitue-t-il le délit de falsification ?

N. 77. — *Quid*, du coiffage du blé ?

76. — Y a-t-il falsification, c'est-à-dire mélange punissable, dans le fait de graisser le blé.

On sait qu'il y a trois espèces de blé : le blé d'élite, le blé champars ou marchand, et le blé méteil : le premier est très-coulant dans la main, sec et coloré ; les deux autres sont plus ou moins durs; il s'en trouve de *gourds* (ou humides), et pour leur donner plus de qualité, un grand nombre de cultivateurs avaient l'habitude de mettre sur la pelle avec laquelle ils remuaient le blé, une ou deux cuillerées d'huile d'amandes. Ils passaient la pelle dans ce blé et, avec cette seule quantité, graissaient plus de vingt sacs de blé.

Le tribunal de Chartres a trouvé dans ce fait le délit de falsification prévu et puni par la loi du 27 mars 1851 (1).

Nous adoptons, pour notre part, cette opinion, conforme à l'esprit comme au texte de la loi précisée.

En effet, il y a là un mélange devant nuire à la qualité de la chose vendue, et opéré pour faire croire à une qualité meilleure.

(1) Jugement du 2 mai 1855. (*Gazette des Tribunaux* du 25 mai 1855).

Dira-t-on que, par le graissage, le blé acquiert plus de coulant et a plus de main, qu'en outre il se tasse plus facilement, et que, par conséquent, il en entre plus dans la même mesure.

Tout cela importe peu ; s'il y a plus de marchandise, elle est, d'un autre côté, d'une qualité inférieure à celle apparente, par conséquent, il y a déjà, à ce point de vue, tromperie sur la qualité au moyen de la falsification. D'un autre côté, il y a falsification, car le coulant provenant du graissage n'est que factice et n'existe qu'aux dépens de la qualité. La marchandise qui a l'apparence d'un blé de première qualité ne vaut même pas la qualité inférieure, la présence de l'huile employée pour le graissage empêchant la conservation du blé et lui donnant bientôt un goût désagréable.

Il y a donc incontestablement falsification dans le fait d'opérer le graissage du blé.

77. — Le coiffage du blé constitue également le délit de falsification de denrées alimentaires.

On sait que le coiffage du blé consiste à mettre dans la partie supérieure du sac une marchandise de meilleure qualité que celle occupant le fond.

La Cour de cassation a reconnu dans ce fait le délit de falsification : « Attendu, dit-elle, dans un « arrêt du 8 juin 1854, que l'introduction de den-

« rées alimentaires d'une qualité inférieure dans « des marchandises de même nature, présentant « extérieurement les apparences d'une qualité « supérieure, constitue une falsification (1). »

Cette décision importante est fondée, selon nous, sur le sens véritable de la loi de 1851.

En effet, on trouve dans le rapport sur la loi de 1851, la preuve que le législateur a entendu frapper des peines de l'art. 423, celui qui introduit des denrées alimentaires d'une qualité inférieure dans des marchandises de même nature.

« La simple tromperie sur la qualité des mar- « chandises, qui échappait à l'art. 423, pourra, dit « ce rapport, être punie par la loi nouvelle, si « cette tromperie s'exerce sur des denrées ali- « mentaires ou médicamenteuses, car il y a fal- « sification, non-seulement dans l'introduction « d'une denrée d'une autre nature, mais dans la « mixtion d'une nature identique et de qualité « notablement inférieure, de manière que le ré- « sultat de l'amalgame soit très-sensiblement « moins propre à l'usage auquel la chose est « destinée, ou d'une valeur considérablement « moindre que la valeur promise par la déno- « mination ou par le prix de la marchandise. »

(1) Devil. et Car., 1854, 1, 587.

Il est donc incontestable que le coiffage du blé constitue le délit de falsification (1).

78. — Mais nous croyons que la Cour de cassation est allée trop loin, lorsque, dans un arrêt du 27 avril 1854 (2), elle a posé en principe : « Qu'il « ne faut pas rechercher si la différence dans la « valeur des deux blés n'était pas assez considé- « rable et la qualité du mélange assez sensible- « ment moins propre à l'usage auquel la chose « était destinée, pour constituer le délit de falsi- « fication ; qu'une telle distinction n'est point « admise par la loi ; qu'il suffit, en effet, pour son « application, que la substance alimentaire des- « tinée à être vendue ait été falsifiée, soit que la « falsification porte sur la nature ou sur la qualité « de la substance ; que cette falsification résulte « de tout mélange frauduleux tendant à dénatu- « rer la substance annoncée au préjudice de l'a- « cheteur, et que le peu de préjudice ne suffit pas « pour faire disparaître le délit. »

Cet arrêt nous semble en complète contradiction avec l'esprit de la loi de 1851. En effet, nous avons vu (3) que M. Riché, dans son rapport, dit qu'il y aura falsification : « dans la mixtion d'une

(1) Nous avions déjà soutenu cette opinion dans notre ouvrage sur la *Législation des céréales*, n° 437, p. 288.

(2) Devil. et Car., 1854, 1, 585.

(3) Voir n° 71.

« nature identique et de qualité *notablement* in-« férieure, de manière que le résultat de l'amal-« game soit *très-sensiblement* moins propre à « l'usage auquel la chose est destinée ou d'une « valeur *considérablement moindre* que la valeur « promise par la dénomination ou par le prix de « la marchandise. »

79. — Nous renvoyons au chapitre de la vente des substances alimentaires ou médicamenteuses falsifiées ou corrompues, certaines questions relatives à la vente de blés prétendus corrompus ou mélangés par la nature de graines étrangères.

ARTICLE II.

BOISSONS.

SOMMAIRE.

N. 80. — Disposition de la loi nouvelle sur la falsification des boissons.

N. 81. — Certains mélanges sont permis et même utiles. — Exemple.

N. 82. — Vin de lies pressées. — Usage à Montpellier.

N. 83. — Plâtrage des vins. — Usage.

N. 84. — Mélange de l'alcool aux vins. — Usage dans certains départements. — Quantité déterminée.

N. 85. — Le mouillage des vins constitue le délit de falsification.

80. — Jusqu'en 1855 la falsification des boissons était prévue par les art. 475 § 6 et 318 du

Code pénal. Dans le premier cas, c'est-à-dire lorsque le mélange n'était pas nuisible à la vente, la peine était une simple amende de 6 à 10 fr ; dans le cas, au contraire, où le mélange était pernicieux, la peine était de six jours à deux ans de prison et de 16 fr. à 500 fr. d'amende.

Aujourd'hui, la falsification des liquides est complétement assimilée, par la loi du 5 mai 1855, à la falsification des substances solides, de telle sorte que toutes les observations faites par nous sur la loi du 27 mars 1851, s'appliquent aussi bien aux boissons qu'aux substances alimentaires ou médicamenteuses.

Il n'y a donc plus d'intérêt à rechercher si certaines choses, tels que le lait et le vinaigre, sont des substances alimentaires ou des boissons.

Cependant, en dehors des principes généraux et des applications énoncées plus haut, nous trouvons à faire quelques observations relativement aux boissons en particulier.

81. — Il est, par exemple, des mélanges qui sont permis et ne sauraient, par conséquent, constituer le délit de falsification.

« On pourrait craindre, dit l'exposé des motifs
« de la loi du 5 mai 1855, que sous prétexte de
« falsification, et à défaut d'une définition précise
« donnée à ce mot, la loi vînt à entraver certaines
« opérations licites de mélanges et de fabrication

« qui sont usitées dans le commercé des vins.

« Il est bon, par exemple, de déclarer qu'il n'est « point entré dans la pensée du gouvernement qui « propose la loi, ni du conseil d'État qui l'a adop- « tée, d'entraver en rien et de réprimer les diverses « opérations loyalement faites et usitées dans le « commerce, qui consistent, — soit à couper les « vins de diverses provenances et de diverses « qualités pour les améliorer, pour les conserver, « ou même pour donner satisfaction au goût du « public ou au besoin du bon marché ; — soit, « suivant l'expression usitée dans ce genre de « commerce, à *travailler* les vins conformément « à des procédés fort divers, les uns très-anciens, « les autres indiqués par la science moderne, « comme ceux de Chaptal et autres, soit à imiter « par diverses combinaisons les vins étrangers. »

M. Riché dit, de son côté, dans son rapport sur la loi spéciale aux boissons : « Le délit c'est la « fraude. Or, il est des mélanges qui, par leur but, « leur notoriété, repoussent d'abord toute suspi- « cion. — Ce sont les mélanges ou coupages que « réclament la conservation, la guérison, la cla- « rification de la boisson, son appropriation au « commerce ; ceux que justifient les habitudes « locales reconnues ou que la science peut ensei- « gner dans un but légitime... »

Il y a donc des mélanges permis, nécessaires même, que la justice ne saurait punir ; c'est aux tribunaux à apprécier la nature du mélange, le but de celui qui fait le mélange, pour se prononcer sur la prévention.

C'est là, comme pour les blés, les farines, etc., une appréciation des plus délicates et dans laquelle le juge, non content de s'entourer de toutes les données de la science, doit encore et en tout cas se montrer très-circonspect avant de prononcer une condamnation.

82. — Lors de la discussion de la loi sur les boissons au Corps Législatif, on s'est demandé si certaines préparations devaient être permises ou défendues.

M. Roulleaux Dugage a rappelé que l'exposé des motifs signalait comme un des moyens employés pour falsifier les vins : « L'emploi d'eau « passée sur des lies épaisses qui la colorent et « l'acidulent; le vin de lies pressées. » « Or, a-t-il « dit, la généralité de ces expressions a excité « les appréhensions de la Chambre de Commerce « de Montpellier, qui a cru qu'on voulait proscrire « un genre de fabrication de vin que le projet de « loi n'atteint certainement pas. Dans cette con- « trée, lorsque, par suite de la vente des vins, les « foudres sont vides, on est dans l'usage de réunir « les lies et de les presser pour en extraire le vin « qui peut encore y être contenu. Quelle que soit « la qualité du liquide ainsi obtenu, c'est bien du

« jus de raisin, et, dès lors, il est incontestable « que le projet de loi ne saurait atteindre ceux « qui se livrent à cette opération. »

M. Cornudet, commissaire du gouvernement, et M. Riché, rapporteur, ont été d'accord pour reconnaître que cette opération ne pouvait constituer le délit de falsification.

En effet, pour qu'il y ait falsification, il faut qu'il y ait mélange; or, dans l'opération pratiquée à Montpellier, il n'existe pas de mélange; puisque du jus de raisin est seul obtenu lorsqu'on presse les lies après avoir vidé les foudres.

83. — Le plâtrage des vins n'est pas non plus regardé comme un mélange constituant le délit de falsification.

Le plâtrage, usité dans les pays vignobles et notamment dans le département de l'Hérault, consiste à répandre, dans des proportions déterminées, du plâtrage réduit en poudre sur les raisins récoltés.

C'est ce qu'a décidé la Cour impériale de Montpellier par un arrêt tout récent dont les principaux considérants sont ainsi conçus : « Attendu que la « pensée du législateur, en cette matière, a été, « suivant son expression, de punir la fraude, rien « que la fraude; qu'il a voulu atteindre et frapper « les sophistications clandestines, faites en vue « d'un gain illégitime, destinées à tromper l'a-

« cheteur sur la qualité ou sur le poids de la mar-
« chandise vendue ; les mélanges pernicieux que
« l'hygiène autant que la morale condamne ; mais
« que de la responsabilité pénale qui s'attache à
« ces félonies mercantiles, à ces altérations men-
« songères ou funestes, le législateur a déclaré
« formellement exclure et affranchir les opéra-
« tions licites qui, par leur but, leur notoriété,
« repoussent toute suspicion, les procédés de fa-
« brication loyalement et utilement employés
« dans les arts, dans l'industrie ou dans le com-
« merce. Qu'il faut évidemment ranger dans cette
« catégorie l'opération connue sous le nom de
« plâtrage des vins, opération pratiquée par
« Beilhol dans l'espèce. Que c'est là, en effet, un
« mode souvent employé dans la préparation et
« le traitement des vins, ayant pour objet leur
« amélioration. Que ce procédé, en usage chez
« les anciens, a fait le sujet des études, des tra-
« vaux, des discussions des savants modernes,
« chimistes, œnologues ou viticulteurs : conseillé
« par les uns, rejeté par les autres, toléré par tous.
« Que si le mélange du sulfate de chaux avec les
« matières constitutives du vin devait en changer
« ou vicier la nature, s'il y avait dans son emploi
« un caractère de fraude ou de nocuité, des hom-
« mes illustres, tels que Chaptal, Dumas et autres,
« n'auraient pas manqué d'en signaler les dan-
« gers ; et l'expérience, plus forte que les livres,

« en aurait proscrit l'usage. Attendu qu'il suit des « considérations qui précèdent, que le fait imputé « au prévenu, et, en général, le plâtrage des vins, « ne saurait constituer, aux yeux de la loi, une « falsification, ni être considéré comme une mix-« tion nuisible à la santé. Que telles sont d'ail-« leurs les conclusions nettement formulées du « rapport de MM. les professeurs Bérard, Chancel « et Cauvy, rapport versé au procès ; et qu'en pré-« sence de cette autorité de la science auxiliaire « de la justice, le doute ne paraît pas possible. « Attendu, dès lors, que Beilhol est en voie de « relaxe ; qu'il y a donc lieu de faire droit à son « appel et de réformer le jugement attaqué. »

84. — Il est aussi des mélanges tolérés dans certaines quantités déterminées. Ainsi le décret du 17 mars 1852 semble tracer la limite au delà de laquelle l'amalgame de l'alcool au vin devient un abus dans les pays où il est permis.

L'art. 21 du décret du 17 mars 1852, portant fixation du budget général des dépenses et des recettes de l'exercice 1852, est ainsi conçu :

« Les eaux-de-vie versées sur les vins ne seront « affranchies de droits (établis sur les eaux-de-vie) « que dans les départements des Pyrénées-Orien-« tales, de l'Aude, du Tarn, de l'Hérault, du « Gard, des Bouches-du-Rhône et du Var. La « quantité ainsi employée en franchise ne dépas-

« sera pas un maximum de cinq litres d'abord « par hectolitre de vin ; et après la mixtion, qui « ne pourra être faite qu'en présence des préposés « de la régie, les vins ne devront pas contenir « plus de dix-huit centièmes d'alcool.

« Lorsque les vins contiendront plus de dix-« huit centièmes d'alcool, et pas au delà de vingt « et un centièmes, ils seront imposés comme vins, « et paieront, en outre, les doubles droits de con-« sommation, d'entrée et d'octroi pour la quantité « d'alcool comprise entre dix-huit et vingt et un « centièmes.

« Les vins contenant plus de vingt et un cen-« tièmes d'alcool ne seront pas imposés comme « vins, et seront soumis, pour leur quantité totale, « aux mêmes droits de consommation, d'entrée et « d'octroi que l'alcool pur.

« Les vins destinés aux pays étrangers ou aux « colonies françaises pourront, dans tous les dé-« partements, et seulement au port d'embarque-« ment ou au point de sortie, recevoir en fran-« chise des droits une addition d'alcool supérieure « au maximum déterminé par le paragraphe pre-« mier du présent article, pourvu que le mélange « soit opéré en présence des employés de la régie, « et que l'embarquement ou l'exportation ait lieu « sur-le-champ. »

85. — Il est enfin des mélanges qui constituent

par eux-mêmes le délit de falsification des boissons.

L'addition d'eau, par exemple, sans être un mélange pernicieux, est cependant un mélange frauduleux au double point de vue de la qualité et de la quantité.

Au point de vue de la qualité, en ce que l'addition d'eau enlève à la boisson une partie de sa propriété reconfortante, ce que M. Riché démontre en ces termes dans son rapport : « Si le « breuvage altéré n'est pas malfaisant d'une ma- « nière actuelle et *positive,* il est nuisible d'une « manière *négative*, en ce que le mélange dérobe « à la boisson une partie de l'effet réparateur que « promettaient son nom et son prix. »

Au point de vue de la quantité, en ce que toute la partie d'eau augmente frauduleusement, à l'insu de l'acheteur, la quantité de la boisson vendue (1).

Aussi, la Cour de cassation a-t-elle, à plusieurs reprises, décidé que le mélange de l'eau aux boissons constituait le délit de falsification (2).

C'est également l'opinion de M. Dalloz, qui s'appuie, comme nous, sur la fraude commise

(1) Voir n° 14.

(2) Arrêt du 12 juillet 1855 (Dalloz, 1, 363). — Voir, aussi, Cassation, 9 octobre 1852 ;—Cassation, 5 janvier et 2 mars 1855 (Dalloz, 1855, 1, 85 et 91).

au double point de vue de la qualité et de la quantité.

« C'est avec raison, dit-il, que l'addition de « l'eau aux boissons ou aux aliments, dans le but « d'augmenter les bénéfices de la vente, est con- « sidérée comme une altération punissable ; si elle « ne change pas toujours les propriétés d'une « boisson, elle les affaiblit ; elle constitue, au reste, « comme on l'a fort bien fait remarquer, une « tromperie sur la quantité de la marchandise, « à l'aide d'un procédé tendant à en augmenter « frauduleusement le volume (1). »

ARTICLE III.

FARINES.

SOMMAIRE.

N. 86. — Division des farines en plusieurs catégories.

N. 87. — Les farines de première et de seconde qualités doivent être exemptes de tout mélange. — Exception.

N. 88. — Les farines de troisième et quatrième qualités ne sont pas falsifiées, quelle que soit, d'ailleurs, leur infériorité, s'il n'y a pas mélange.

N. 89. — Le mélange aux farines de toutes qualités, d'une faible proportion de féverolles, ne constitue pas le délit de falsification.

86. — Les farines sont divisées dans le com-

(1) Recueil périodique, 1855, 1, 363.

merce en plusieurs catégories selon leur qualité. On les classe en 1res, 2es, 3es, 4es.

87. — La première et la seconde qualités (la première surtout) étant le résultat d'une mouture faite avec soin, doivent être exemptes de tout mélange, excepté dans le cas où, comme nous le démontrerons plus tard, les besoins de la consommation exigent certains mélanges non nuisibles, bien entendu, à la santé publique (1).

Cependant, il ne faut pas croire que tout mélange non utile aux besoins de la consommation, constitue une falsification punissable lorsqu'il porte sur une farine de seconde ou de première qualité. D'abord il ne saurait y avoir falsification du fait de l'homme, si le mélange était naturel, comme celui des vesces, vescerons, etc., qui, poussant au milieu des blés, se mêlent à eux et se retrouvent plus tard dans les farines.

Il y a là une question d'appréciation qui doit se résoudre d'après les circonstances de la cause. Les seigles de Champagne ont fourni, en 1854, la preuve que les blés, et par suite les farines, pouvaient être mélangés, sans le fait de l'homme,

(1) Voir n° 89.

de ces plantes légumineuses qui poussent au milieu des blés et s'attachent à eux (1).

88. — Quant aux farines de troisième et quatrième qualités, elle ne sauraient être regardées comme falsifiées, quelle que fût d'ailleurs leur infériorité, si le meunier n'avait rien mélangé au produit de sa mouture.

En effet, comme l'a dit avec beaucoup de raison M. Pommier, dans l'*Écho Agricole* : « Les farines « bises, résidus de la mouture, et qu'on ne retire « que dans une proportion de 3 à 4 0/0 du poids « du blé, sont naturellement bien inférieures aux « farines blanches extraites du premier jet ; et si « l'on pouvait induire de la faible quantité de glu- « ten qu'elles contiennent et de la différence de « leur composition, comparée à la composition « des farines blanches, qu'elles constituent une « falsification, les maisons les plus honorables se « trouveraient exposées à des poursuites conti- « nuelles (2). »

C'est, d'ailleurs, ce que la Cour de Lyon a jugé par un arrêt fort important, rendu dans les circonstances suivantes :

(1) Voir les observations de M. Pommier, relativement à ces mélanges naturels, dans l'*Echo agricole* du 20 mars 1855.

(2) Voir dans l'*Echo agricole* du 22 avril 1856, les observations de M. Pommier, sur les moyens de reconnaître les mélanges de maïs ou de légumineuses.

M. Marin-Martin, de la Guillotière, fait sur une petite échelle, le commerce des farines. Il achète des blés sur le marché de la Guillotière, les fait réduire en farines dans un petit moulin des environs et vend ces farines à la boulangerie de Lyon.

Vers la fin de l'année 1855, il avait vendu, sans garantie de qualité ni d'emploi, quelques sacs de farines 3es et 4es, à un marchand d'Aubenas qui les avait revendues sur cette place.

A Aubenas, les farines furent saisies comme impropres à la consommation, et, par suite de cette instance, le commissaire de police de la Guillotière opéra une autre saisie dans les magasins mêmes du sieur Marin-Martin.—Rapport d'experts qui déclarait :

« Que la farine bise saisie, par la manière dont elle se comportait avec l'eau iodée, avec la potasse caustique, par la quantité de matière grasse, la proportion de matières azotées solubles dans l'eau, par la quantité et la nature des cendres qu'elle fournit, par l'absence de gluten, doit être considérée comme un mélange peu propre à la panification, dans lequel il entre une faible proportion de blé, mais beaucoup de farine riche en graisse, en matière azotée soluble, en principe fixe inorganique, telles que la farine de féverolles et la farine de maïs. »

Traduit devant le tribunal de police correctionnelle, le sieur Martin fut condamné, le 19 mars 1856, à deux mois d'emprisonnement, *pour avoir fabriqué des substances ou denrées alimentaires destinées à être vendues*, ou tout au moins pour avoir vendu ou mis en vente ces substances, sachant qu'elles étaient falsifiées.

Appel par le sieur Martin. Une nouvelle enquête eut lieu. Un certificat signé par tout le commerce de Lyon constata :

1° La nécessité, pour répondre aux besoins et usages de la consommation locale, d'introduire 1 à 3 p. 100 de farine de féverolles dans les mélanges ;

2° La présence habituelle dans les blés du rayon lyonnais, et notamment dans les blés du Dauphiné en 1855, d'une notable proportion de graines étrangères, vesces, pois gras, lentillons, légumineuses diverses, etc. ;

3° L'absence complète de types précis pour les farines troisièmes, qui ne se vendent jamais que sur échantillons et à prix débattu.

La Cour ordonna une nouvelle expertise et une nouvelle audition de témoins.

A l'audience du 30 avril 1856, la Cour, après avoir entendu les explications de MM. les docteurs Tavernier et Grommier, de M. Glénard, chimiste, auteurs du rapport d'experts, de M. Tripier, contre-maître à la manutention civile, qui avait assisté le commissaire de police lors de la perquisition faite chez le sieur Martin, ainsi que celles fournies par M. Vachon, fabricant de farines au moulin de Vaise, et par M. Laroche, directeur des moulins de Perrache, rendit un arrêt infirmatif et acquitta le prévenu.

89. Nous avons dit (n° 87), que les besoins de la consommation exigent certains mélanges qui paraîtraient, au premier abord, devoir constituer la falsification ; nous voulons parler du mélange de la féverolle, dans une très-petite quantité d'ailleurs, avec les farines de toutes qualités (1).

C'est là aujourd'hui une question irrévocablement décidée en faveur des fabricants de farines ainsi mélangées dans une proportion de 1 à 5 0/0 de féverolles.

La pratique a consacré ce principe, puisque de temps immémorial il est appliqué par les meuniers et les boulangers dans la plus grande partie de la France, dans la Normandie, la Bourgogne, la Champagne, la Lorraine, le Lyonnais, le Dauphiné, etc. (2).

La science l'a également consacré ; car voici

(1) Voir nos observations sur cette question, dans l'*Echo agricole* des 12 avril et 5 juin 1855.

(2) A Paris, au contraire, cet usage n'existe pas ; cela provient de la différence dans la qualité des blés récoltés sur les différentes parties du territoire.

comment s'exprime M. Chevallier, dans son ouvrage sur les *Altérations et falsifications des substances alimentaires:* « Les farines de haricots, de « pois, dont la teinte vert d'eau se perd aisément « au sein d'une masse considérable de matière « blanche, *les farines de féverolles que l'on emploie « pour la tourne de la pâte, en même temps que « plus tard elles donnent à la croûte du pain une « teinte dorée, agréable à l'œil; ces farines*, di- « sons-nous, *s'associent bien avec toute espèce de « farine de blé, tant que leur proportion est infé- « rieure à* 5 *p.* 100 (1). »

Enfin la justice elle-même l'a consacré par plusieurs arrêts: par un arrêt longuement motivé de la Cour de Nancy, en date du 16 janvier 1854, et par un arrêt ainsi conçu, de la Cour de cassation: « Attendu que s'il est constaté, en fait, par l'arrêt « attaqué, qu'il a été saisi chez les susnommés, « des échantillons de farine de froment contenant « une addition de farine de féverolles dans la pro- « portion de 1 à 4 pour 100, ledit arrêt les a ren- « voyés de la poursuite, en se fondant sur ce que « la loi du 27 mars 1851 n'avait eu pour but de « punir que la fraude et rien que la fraude, non « la simple mixtion, mais la falsification; sur ce « qu'il fallait entendre par cette dernière expres- « sion le mélange frauduleux fait dans une in-

(1) V. Farine de Blé, t. I, p. 323, note 3.

« tention coupable, et sur ce que, dans l'espèce ; « le mélange en doses très-minimes de la farine « de féverolles dans les années humides, étant « nécessaire pour la bonne confection du pain et « habituellement employé comme une sorte de « levure, il y avait eu défaut d'intérêt et absence « de fraude ; — Attendu que les faits imputés aux « défendeurs constituaient, non une simple con- « travention, mais un délit correctionnel qui ne « peut exister sans une intention coupable ; — « Attendu, dès lors, que, dans l'état des faits, « l'arrêt attaqué, non-seulement n'a violé aucune « loi, mais a sainement interprété les dispositions « de celle du 27 mars 1851 ; — Rejette, etc. »

Il est donc reconnu que le mélange dans une minime proportion de la farine de féverolles, soit aux farines de froment, soit aux farines de seigle, est un besoin de la consommation dans la plus grande partie de la France.

ARTICLE IV.

LAIT.

SOMMAIRE.

N. 90. — L'addition d'eau constitue la falsification.
N. 91. — Difficulté de découvrir la fraude.
N. 92. — En quoi consiste la complicité des laitiers en gros?

90. — Le lait a donné lieu, comme les blés

et les farines, à de nombreux procès en falsification.

Le mélange qui le plus souvent fait l'objet des poursuites, est le mélange d'eau, qui constitue, ainsi que nous l'avons vu à propos des vins, le délit de falsification (1).

L'addition de l'eau au lait doit évidemment être punie chaque fois que le juge en reconnaît l'existence, mais la difficulté est de la découvrir d'une manière certaine.

91. — La science fait, pour ainsi dire, complétement défaut en cette matière.

Elle ne peut indiquer au juste quelle quantité d'eau se trouve dans le lait *pur*, cette quantité variant à l'infini, suivant le climat, l'état de santé de la vache qui fournit le lait, et surtout la nourriture qu'elle prend.

D'un autre côté, la science n'a aucun instrument certain pouvant donner d'une manière infaillible la quantité d'eau que contient le lait soumis à l'expertise.

Ainsi, jusqu'en 1854, et même jusqu'en 1855, la justice s'appuyait, pour prononcer ses arrêts en matière de falsification de lait, sur les expériences faites au moyen du galactomètre ; tandis qu'il est reconnu aujourd'hui, que cet instrument,

(1) Voir n° 85.

soumis à telle ou telle influence atmosphérique, peut donner des résultats essentiellement différents ; c'est là un principe consacré par de nombreuses décisions judiciaires (1).

Ainsi encore, il est reconnu qu'il faut attendre, pour expérimenter le lait, qu'il ait complétement abandonné sa chaleur, et il a été constaté l'an dernier, devant le tribunal de Toulon, qu'un lait pur, mais chaud, peut révéler à un expérimentateur maladroit un semblant de falsification de 50 pour cent (2).

Dans l'espèce soumise au tribunal, l'expert qui avait procédé à l'examen du lait prétendu falsifié, avait trouvé une addition de 50 0/0 d'eau, tandis qu'une seconde expertise, faite à l'audience, établit qu'il n'y avait aucun mélange (3).

(1) Voir, notamment, un jugement du tribunal de la Seine, rapporté par nous dans l'*Echo agricole* du 28 juin 1855.

(2) *Gazette des Tribunaux* des 9 et 10 avril 1855.

(3) « Jusqu'à présent, disait avec beaucoup de raison M. Pommier, dans l'*Echo agricole* du 29 septembre dernier, nos savants n'ont pas encore trouvé de procédés ou d'instruments assez simples pour résoudre facilement cette double difficulté. Dans l'état actuel de la science, deux opérations sont nécessaires : l'une par le *lacto-densimètre* ou *pèse-lait*, l'autre par le *lactoscope*, destiné à peser la crême. Le premier peut s'employer sur place, en plein jour ; l'autre exige une chambre obscure et une bougie allumée. On conçoit, dès lors, que l'emploi de cet instrument n'est pas possible sur la voie publique.

« Il faut de plus un thermomètre, car la châleur du lait est un des éléments nécessaires pour apprécier sa densité.

« La détermination de la composition du lait est donc extrê-

92. — Les questions relatives à la falsification du lait présentent aussi d'assez graves difficultés, en ce qui concerne les éléments constitutifs de la complicité.

Le point délicat est souvent de savoir si les laitiers en gros sont coupables, comme complices de leurs commis, de la falsification opérée par ces derniers.

Jusqu'à ce jour le ministère public a requis, et les tribunaux ont souvent prononcé, soit l'amende, soit même l'emprisonnement, contre les laitiers en gros.

La question de complicité nous semble très-délicate en fait et en droit.

En fait, on doit reconnaître que la fraude est presqu'impossible de la part des laitiers en gros, qui, vendant aux laitiers en détail, sont soumis à la

mement difficile, pour ne pas dire impossible, par les agents ambulants, opérant sur la voie publique ou dans les dépôts ; mais il y a un moyen, ce nous semble, pour l'autorité, d'exercer cette surveillance : ce serait, chaque matin, de prendre des échantillons sur l'apport fait en ville, soit par les laitières sur la voie publique, soit dans les dépôts, de cacheter ces échantillons en inscrivant sur le vase le nom du vendeur, et d'adresser le tout à un bureau central, où un chimiste préposé ferait dans les conditions voulues l'expertise de ces échantillons. On ne verbaliserait alors que contre ceux dont le lait aurait été trouvé falsifié. Ce moyen est le seul praticable, car M. Bouchardat, dans le travail qu'il vient de livrer à la publicité, conseille d'y avoir recours si le marchand conteste l'essai fait sur la voie publique, et il le contestera toujours. »

surveillance de ces derniers intéressés à refuser toute marchandise défectueuse ; il faut encore remarquer que le lait fourni aux marchands en gros est trop souvent mélangé d'eau, avant d'arriver chez eux, par le cultivateur qui le fournit.

En droit, nous sommes d'avis que la complicité ne peut résulter que d'un fait *actif*, tels qu'un conseil écrit ou verbal, un ordre, etc.

Il ne suffit pas de laisser faire, il faut faire commettre le délit pour en être complice ; or, c'est au ministère public à faire la preuve de la complicité, et nous croyons qu'il doit y avoir acquittement chaque fois que la prévention n'établit pas à la charge du marchand en gros un fait actif, un conseil, un ordre verbal ou écrit au commis, auteur principal de la fraude.

Nous croyons que ce sont là les vrais principes en cette matière, et quoique nous les ayons vu, malgré nos efforts, plusieurs fois repousser par la justice, nous ne désespérons pas de les faire, tôt ou tard, consacrer par elle.

SECTION QUATRIÈME.

POURSUITE ET RÉPRESSION DU DÉLIT DE FALSIFICATION.

SOMMAIRE.

N. 93. — La falsification des substances alimentaires ou médicamenteuses et des boissons est un délit. — Conséquences.

N. 94. — Appréciation souveraine des tribunaux.

93. — La falsification des substances alimentaires ou médicamenteuses et des boissons est un délit comme les tromperies sur la quantité (1) et sur la nature (2) ; elle n'est donc punissable que s'il y a intention coupable de la part du prévenu ; c'est là un principe incontestable développé déjà par nous avec l'appui des rédacteurs eux-mêmes de la loi formant l'objet de notre travail (3).

94. — Les tribunaux ont en cette matière un pouvoir souverain d'appréciation, et leurs jugements ou arrêts, soit qu'ils acquittent, soit qu'ils condamnent, sont, par conséquent, à l'abri de la censure de la Cour de cassation (4).

95. — Mais le juge peut-il prononcer une condamnation sans énoncer dans son jugement en

(1) Voir n° 26.

(2) Voir n° 52.

(3) Voir n° 73.

(4) Voir, pour la tromperie sur la quantité, n° 27 : — pour la tromperie sur la nature, n° 53.

quoi consiste la falsification reconnue constante?

La Cour de cassation a décidé l'affirmative par un arrêt ainsi conçu du 24 février 1854. « Sur le 2e « moyen, tiré de la violation de l'art. 475 § 6 Code « pénal, en ce que le jugement ne dit point en « quoi a consisté la falsification par lui réprimée « ni quelle est la matière étrangère et la couleur « propre des vins qui a produit la contravention ; « — attendu qu'aucune loi n'oblige les tribunaux « à spécifier les liquides exposés en vente ou ven- « dus ; qu'ils ne sont tenus que de constater, d'a- « près leur conviction comme jurés, l'existence « de la fraude, et que leur déclaration à cet égard « est souveraine et irréfragable, rejette... (1) »

Cette décision, quoique peut-être fondée en droit, ne devrait pas, selon nous, servir de règle aux tribunaux correctionnels appelés à connaître de ces affaires délicates.

Dans ces procès, où la vérité est souvent si difficile à découvrir, il est utile, dans l'intérêt même de la justice, de baser les jugements de condamnation sur des faits certains qui, clairement énoncés par le jugement, justifient aux yeux de tous la condamnation prononcée. Aussi verrions-nous volontiers la loi exiger cette constatation dans les jugements, comme elle exige la spécifica-

(1) Voir, aussi, arrêt de rejet du 9 novembre 1855. (Dalloz, 1855, 1, 441.)

tion des manœuvres frauduleuses en matière d'escroquerie.

96. — Le délit de falsification est, comme les délits de tromperie sur la quantité et sur la nature (1), une atteinte portée à l'intérêt public en même temps qu'à l'intérêt privé ; il peut donc aussi, comme eux, être poursuivi d'office par le ministère public en l'absence de toute plainte portée par la partie lésée.

97. — Quant à la pénalité, elle est la même que celle appliquée à la tromperie sur la nature, aussi croyons-nous devoir renvoyer aux explications déjà données par nous. (Voir nos 56-62.)

CHAPITRE III.

CORRUPTION.

SOMMAIRE.

98. — La corruption, à la différence de la fal-

(1) Voir nos 28 et 54.

sification, ne saurait par elle-même constituer un délit.

En effet, la falsification consiste, comme nous l'avons vu, dans le mélange aux marchandises destinées à être vendues, de matières étrangères, mélange opéré par la main de l'homme.

La corruption, au contraire, est un phénomène naturel qui se produit sans aucune participation humaine ; assurément la négligence apportée dans les moyens de conserver certains objets peut amener une décomposition plus prompte ; mais, en dehors même de toute négligence, la corruption de la matière est un fait naturel que l'homme est trop souvent impuissant à empêcher.

C'est donc seulement lorsqu'il y a détention de la part d'un marchand, vente ou tentative de vente, que la corruption peut donner lieu à la consommation d'un délit.

99. — Mais, quand y a-t-il corruption ? C'est là un point délicat laissé à l'appréciation souveraine des tribunaux et qui présente souvent les plus graves difficultés.

100. — On reconnaît aisément la corruption portant sur la viande, et les tribunaux sont peu embarrassés pour frapper les bouchers qui fournissent sciemment aux consommateurs une viande gâtée ou corrompue.

101. — Mais il est, d'un autre côté, des substances alimentaires qui présentent quelquefois les caractères de la corruption sans en être cependant infectées.

Les blés d'Égypte, par exemple, ont un goût de terroir qui leur donne l'aspect de blés corrompus lors même qu'ils sont complétement sains, et nous savons que tout dernièrement encore des procès se sont élevés sur cette question spéciale.

Or, on comprend combien il est important de ne pas frapper à tort de suspicion, vis-à-vis du public, des blés dont le gouvernement a favorisé l'importation, et de ne pas compromettre ainsi la réputation de ceux qui ont cru rendre un service à leur pays en y introduisant des blés étrangers.

Ce sont là des questions spéciales que la pratique seule peut résoudre et qui ont besoin d'être profondément étudiées pour être jugées par les tribunaux.

CHAPITRE IV.

DÉTENTION DE SUBSTANCES ALIMENTAIRES OU MÉDICAMENTEUSES ET DE BOISSONS FALSIFIÉES OU CORROMPUES.

SECTION PREMIÈRE.

CARACTÈRES CONSTITUTIFS DE CE DÉLIT.

SOMMAIRE.

N. 102. — La détention, par un marchand, de substances alimentaires ou médicamenteuses falsifiées ou corrompues, est prévue par l'article III de la loi du 27 mars 1851.

N. 103. — Extension de cet article à la détention des boissons falsifiées, par la loi du 5 mai 1855.

N. 104. — Cette détention est coupable, que les substances et boissons soient falsifiées ou seulement corrompues.

N. 105. — Cette détention est punissable alors même qu'elle n'a pas lieu dans la boutique même du marchand.

N. 106. — Exception au délit. — Motifs légitimes. — Présomption.

N. 107. — Exemples de motifs légitimes.

N. 108. — Observation sur les mots *qu'ils sauront être*, employés par le législateur.

102. — Le délit de détention est prévu par l'art. 3 ainsi conçu, de la loi du 27 mars 1851 :

« Seront punis..... ceux qui, sans motifs légi-« times, auront dans leurs magasins, boutiques, « ateliers ou maisons de commerce, ou dans les « halles, foires ou marchés, soit..... des subs-« tances alimentaires ou médicamenteuses qu'ils « sauront être falsifiées ou corrompues. »

Il était urgent de punir cette détention essentiellement suspecte, pour éviter la consommation du délit de vente d'objets falsifiés ou corrompus; aussi ne pouvons-nous qu'approuver les réflexions suivantes par lesquelles la commission appuyait cet article dans son rapport sur la loi.

« La simple possession, dans les lieux où « s'exerce le commerce ou dans leurs dépen-

« dances, de marchandises viciées, peut n'être aux « yeux du droit pur qu'un acte préparatoire du « délit. Mais la raison permet, si un grave intérêt « public l'ordonne, que cette possession soit punie, « sinon comme le délit consommé, au moins d'une « peine propre à prévenir le délit, en écartant, « par l'intimidation, le pouvoir trop prochain de « commettre ce délit. Car cette possession dans « de tels lieux, ne peut s'expliquer que par la vo- « lonté déterminée de commettre le délit au gré « de l'occasion; car si cette possession était invio- « lable, la loi serait bien vite éludée : l'arrière- « boutique, le magasin intérieur, les tiroirs tien- « draient impunément la marchandise à la portée « de la vente. Le Code forestier punit la posses- « sion d'une hache dans un bois, quelquefois plus « sévèrement que le délit lui-même. L'art. 479 « nº 5, dans l'intérêt de l'exactitude des poids et « mesures; l'art. 4 de la loi du 4 juillet 1837, mû « par le seul désir de faire triompher le système « métrique, ont puni la simple possession de cer- « tains objets, et livré aux investigations tous les « lieux qui sont le siége ou le refuge du com- « merce : peut-on refuser les mêmes garanties « aux exigences de la morale et de l'hygiène pu- « blique ? L'efficacité de la loi est à ce prix. »

102. — Remarquons de suite que la pénalité de l'art. 3 s'applique aussi bien à la possession de boissons falsifiées ou corrompues, qu'à celle de substances alimentaires ou médicamenteuses falsifiées et corrompues. L'art. 1er de la loi du 5 mai 1855, déclarant applicables aux boissons : « les dispositions de la loi du 27 mars 1851, » tous les délits prévus par celle-ci s'appliquent indistinctement aux boissons et aux substances alimentaires ou médicamenteuses.

104. — Remarquons encore qu'il ne s'agit pas seulement ici de boissons et substances falsifiées par la main de l'homme, mais encore de boissons et substances corrompues par une cause accidentelle : « Le projet, dit le rapport de la com« mission, assimile à la marchandise falsifiée « celle que, malgré la découverte d'une corrup« tion spontanée ou accidentelle, la cupidité aura « persisté à vendre ou à vouloir vendre. A l'ins« tant où le débitant s'aperçoit de cette altération « nuisible, il est coupable, s'il destine encore la « substance alimentaire ou le médicament au « commerce. Puisque la perte résultant de la dé« térioration doit tomber sur quelqu'un, elle doit « s'arrêter au marchand, qui, n'étant pas con« sommateur, n'éprouvera qu'un dommage pé« cuniaire, et que l'attention à laquelle sa pro« fession l'oblige pourrait souvent préserver de « tout dommage. En matière pharmaceutique, « l'oubli de cette maxime de probité élémentaire

« est déjà puni de peines supérieures à celles de « simple police. N'en doit-il pas être de même en « matière d'aliment? Quand il ne s'agit que de « protéger la santé des bestiaux, la loi punit cor- « rectionnellement celui qui la compromet en « vendant, ou même en ne séquestrant pas son « animal malade (459 et suiv.). D'ailleurs, il se « fait souvent, dans les grandes villes, un trafic « de comestibles corrompus, que des spéculateurs « de bas étage achètent pour les revendre, sans « redouter les peines de simple police. »

105. — La détention, par le marchand, de boissons et substances falsifiées ou corrompues, est punissable lors même qu'elle aurait lieu seulement dans les dépendances des boutiques ou magasins. C'est-à-dire, comme l'énonce le rapport de la commission : « dans l'arrière-boutique, « le magasin intérieur, les tiroirs, » ou, comme le dit un arrêt d'Agen du 17 janvier 1855 : « dans « la cave d'un débitant (1). » En effet, les caves des marchands de vins, des liquoristes, des épiciers, etc.; les sous-sols qui se louent à Paris dans toutes les maisons nouvelles avec les boutiques du rez-de-chaussée, peuvent servir de réceptacle aux objets de consommation falsifiés ou corrompus.

(1) Devil. et Car., 1855, 2, 145.

106. — La détention, par un marchand, de boissons et substances falsifiées ou corrompues, est punissable, dit la loi, lorsqu'elle a lieu sans motifs légitimes.

Nous croyons que dans cette matière c'est au prévenu à établir les motifs légitimes qu'il allègue ; c'est à lui à faire la preuve de sa bonne foi, et non au ministère public à faire la preuve de la mauvaise foi de celui qu'il poursuit. Ici la présomption est que la détention est frauduleuse ; si le prévenu soutient que sa détention est légitime, il doit chercher à l'établir devant les tribunaux, qui apprécient souverainement le bien ou mal fondé de sa prétention (1).

107. — Quant aux motifs légitimes qui peuvent rendre excusable la détention de boissons et substances falsifiées ou corrompues, ils ne peuvent être énumérés par la loi qui en laisse aux tribunaux l'appréciation la plus complète ; ils ne peuvent que ressortir des faits que présente chaque espèce nouvelle.

« Parmi ces motifs légitimes d'une possession « survivant à la connaissance de la falsification,

(1) Arrêt de la Cour de Cassation du 10 mars 1855 (Devil. et Car., 1856, 1, 191). — Voir n° 3, même présomption à l'égard du délit de détention, sans motifs légitimes, de faux poids et de fausses mesures.

« figureraient, dit le rapport de la commission, « l'existence d'un recours justifié contre un pré- « cédent vendeur, ou l'habitude reconnue de ven- « dre de tels mélanges sous une dénomination et « à un prix indiquant leur composition réelle, ou « la transformation de ces objets telle, qu'ils fus- « sent devenus évidemment impropres à toute « espèce de vente pour l'alimentation de l'homme « ou pour les préparations curatives. »

On pourrait ajouter le cas de dépôt judiciairement établi; car le dépositaire n'ayant pas le droit de disposer de la chose déposée, ne peut être présumé vouloir la lancer dans la circulation.

108. — Enfin, et c'est là l'observation la plus importante à faire à l'égard de ce délit, la détention n'est punissable que dans le cas où le détenteur a connaissance de la falsification ou de la corruption ; c'est ce qui résulte du texte même de la disposition dont nous nous occupons : « Seront « punis, dit, en effet, l'art. 3.... ceux qui, sans « motifs légitimes, auront dans leurs magasins.... « des substances alimentaires ou médicamenteuses « *qu'ils sauront être* falsifiées ou corrompues. »

SECTION DEUXIÈME.

POURSUITE ET RÉPRESSION DE CE DÉLIT.

SOMMAIRE.

N. 109. — Appréciation souveraine des tribunaux.

109. — La détention de substances et boissons falsifiées ou corrompues est un délit dont l'appréciation est exclusivement réservée aux tribunaux (1).

110. — Le ministère public peut donc poursuivre un tel délit sans qu'il y ait plainte de la partie lésée (2).

111. — Quant à la pénalité, elle est édictée par l'art. 3 de la loi du 27 mars 1851, qui frappe ce délit d'une amende de seize à vingt-cinq francs et d'un emprisonnement de six jours à dix jours, ou de l'une de ces deux peines seulement, selon les circonstances.

112. — La peine est aggravée si la substance ou la boisson détenue par le marchand est nuisible à la santé. Dans ce cas l'amende peut être portée à cinquante francs et l'emprisonnement à quinze jours (même article).

(1) Voir nos 27, 53, 94.
(2) Voir nos 28, 54, 96.

Toutes ces peines sont, comme on le voit, laissées à l'appréciation souveraine du juge appelé à faire, dans chaque espèce, la part des circonstances particulières qui peuvent se présenter.

CHAPITRE V.

TENTATIVE DE VENTE ET VENTE DE SUBSTANCES ALIMENTAIRES OU MÉDICAMENTEUSES ET DE BOISSONS FALSIFIÉES OU CORROMPUES.

SECTION PREMIÈRE.

CARACTÈRES CONSTITUTIFS DE CE DÉLIT.

SOMMAIRE.

N. 113. — En quoi consiste la tentative de ce délit.

N. 114. — La vente constitue le délit prévu par l'art. 1er § 2 de la loi de 1851.

N. 115. — Cette disposition s'applique aux substances et boissons falsifiées ou corrompues.

N. 116. — Il faut, pour qu'il y ait délit, que le vendeur ait eu connaissance de la falsification ou de la corruption.

N. 117. — En quoi consiste l'intention coupable?

N. 118. — *Quid*, si l'acheteur est prévenu du mélange opéré? — Mélange pernicieux. — Mélange non pernicieux.

N. 119. — Un marchand peut-il s'annoncer comme vendant ordinairement des substances ou boissons mélangées?

N. 120. — Le délit de vente d'un objet falsifié ou corrompu existe lors même que la vente en serait prohibée.

113. — La tentative du délit dont nous nous occupons, consiste dans le fait de mettre en vente des substances alimentaires ou médicamenteuses et des boissons que l'on sait falsifiées ou corrompues.

Ce n'est plus là un acte préparatoire du délit, c'est un essai fait pour le commettre ; car l'objet déjà falsifié ou corrompu étant mis en vente dans la boutique même du marchand, il ne manque plus à ce dernier que l'occasion de vendre (1).

C'est donc avec raison que l'art. 1er de la loi de 1851 assimile la mise en vente à la vente : « Sont « punis, dit cet article, § 2, des peines portées en « l'art. 423 du Code pénal.... 2° Ceux qui ven- « dront ou *mettront en vente* des substances ou « denrées alimentaires qu'ils sauront être falsi- « fiées ou corrompues. » De son côté, M. Riché énonce ainsi dans son rapport, la raison d'être de cette disposition nouvelle : « L'assimilation de la « mise en vente ou exposition, à la vente con- « sommée, a été indiquée à la législation nouvelle

(1) Voir, au contraire, sur la tentative du délit de tromperie sur la quantité, n° 8.

« par un arrêt sur l'art. 318 et par l'exemple de « l'art. 475 § 14. Cette assimilation est un des « meilleurs moyens de prévenir les fraudes ; elle « est avouée par les principes, car si le délit n'est « pas consommé après la mise en vente, c'est qu'il « ne se présente pas d'acheteurs. La mise en « vente se rapproche d'une tentative qui ne man- « que son effet que par des circonstances indé- « pendantes de la volonté de son auteur. »

114. — Quant à la vente même des substances et boissons que l'on sait falsifiées ou corrompues, elle constitue, bien entendu, comme la simple tentative de vente, le délit prévu par l'art. 1er § 2 de la loi de 1851.

115. — Remarquons qu'il s'agit ici, non-seulement de substances et boissons falsifiées par la main de l'homme, mais encore de substances et boissons corrompues, ainsi que nous l'avons déjà fait observer en traitant de la détention de telles substances ou boissons (1).

116. — Remarquons encore qu'il n'y aurait pas délit si le vendeur ignorait la falsification ou la corruption ; c'est ce qui résulte des mots :

(1) Voir n° 104.

« qu'ils sauront être, » reproduits par l'art. 1er § 2, comme par l'art. 3.

Lors de la discussion de la loi, M. Sautayra proposa de supprimer les mots : « *qu'ils sauront* « *être...* » Mais M. le rapporteur et M. le ministre de la justice combattirent cet amendement. M. Sautayra soutenait qu'il voyait, dans la disposition du projet, devenue aujourd'hui l'art. 1er § 2, un moyen pour le marchand de se soustraire à la pénalité de la loi ; car celui-ci dira toujours : « La marchandise que j'ai vendue est, en effet, « falsifiée ou corrompue, mais je n'en savais « rien. » M. Sautayra ajoutait que les juges seraient dans le plus grand embarras pour distinguer celui qui agit de bonne foi, de celui qui agit de mauvaise foi.

On lui répondit : qu'il était impossible de punir un homme qui n'avait point commis de faute : par exemple, le marchand qui aurait reçu, sans le savoir, une marchandise altérée ou le débitant qui aurait été trompé par le marchand en gros (1).

(1) « Le juge appréciera, dit M. Riché dans son rapport, le « degré de responsabilité qui doit appartenir aux divers agents « ou auxiliaires d'un fait délictueux ; les cas où cette responsabilité devra remonter du vendeur au fabricant, du détaillant « au marchand qui lui a fourni, les circonstances d'ignorance « probable au milieu d'un commerce très-actif ; les présomptions « de connaissance et d'attention nécessaires que toute profession « suppose chez celui qui l'exerce. »

Ces observations sont parfaitement justes; les mots : *qu'ils sauront être*, nous semblent non-seulement utiles, mais encore nécessaires pour faire voir qu'il s'agit ici, non d'une contravention mais d'un délit. Sans eux le simple *fait* de vente sans aucune intention coupable, aurait entraîné les peines de l'art. 423, et l'on ne saurait trop approuver les sages paroles prononcées à cet égard, par M. le rapporteur, dans la séance du 26 mars 1851. « Il faut que le juge, quels que « soient son droit et son devoir d'apprécier les « intentions, soit averti que le premier élément « du délit, c'est la conscience de la qualité fausse, « de l'altération de la marchandise, autrement « c'est une loi suspecte de matérialisme, dange- « reuse, contre laquelle vous aurez demain une « réaction. C'est ce que vous ne voulez pas; vous « voulez faire une loi sage qui atteigne la fraude « et qui n'atteigne qu'elle. (1). »

117. — L'intention est la question la plus délicate des procès de vente de substances et boissons falsifiées ou corrompues.

En effet, il ne faudrait pas poser comme principe immuable que tout vendeur ayant eu connaissance du fait qualifié plus tard falsification ou corruption, soit coupable et doive être condamné.

(1) *Moniteur* du 27 mars 1851, p. 895.

Il faut pour qu'il y ait délit, que le vendeur n'ait pas pu se tromper sur l'état de l'objet vendu; or, on se demande si le vendeur n'est pas excusable lorsque la science, et par suite la justice, hésitent pour qualifier, par exemple, les mélanges opérés.

Ainsi, les plus graves difficultés se sont élevées sur la question de savoir si certains mélanges constituaient ou non la falsification; ainsi, les mêmes mélanges, opérés dans les mêmes proportions, ont été quelquefois punis comme falsification par des tribunaux, innocentés par d'autres; chaque jour nous voyons les Cours impériales infirmer des jugements rendus en matière de falsification contre les prévenus, parce que les Cours placées dans les grands centres de population ont plus de facilité pour consulter la science et la pratique.

Ce sont là autant de raisons pour bien comprendre que la loi de 1851 a besoin d'être appliquée avec beaucoup de sagesse et de circonspection, et que nous ne devons pas croire trop facilement à la culpabilité des prévenus.

En résumé, il faut, selon nous, pour constituer le délit de vente de substances et boissons falsifiées ou corrompues :

Qu'il n'y ait pas de doute sur la falsification ou la corruption de l'objet vendu;

Que le vendeur ait connu le fait qualifié plus tard falsification ou corruption ;

Qu'enfin le vendeur n'ait pas pu se tromper sur le caractère du mélange ou l'état de corruption dudit objet.

118. — Il se peut même que toutes les circonstances constitutives du délit se rencontrent et que cependant il n'y ait pas culpabilité de la part du prévenu.

Ce serait dans le cas où le vendeur avertirait l'acheteur du mélange opéré, à la condition que ce mélange ne puisse pas être pernicieux à la santé.

Aucun mélange pernicieux ne doit, on le comprend, être toléré par le législateur, qui prend toujours pour guide l'intérêt général.

Mais un mélange non pernicieux ne saurait être défendu et regardé comme coupable, du moment où l'acheteur est prévenu du mélange.

C'est ce qui résulte, et du rapport sur la loi de 1851, et de la discussion de cette même loi devant l'Assemblée.

« Le juge correctionnel ne punira, dit le « rapport, ni les mélanges non pernicieux révé- « lés par le nom de la marchandise ou par le « vendeur, ni..... » Et M. Riché proclamait ainsi de nouveau ce principe à la tribune de l'Assemblée. « On pourra toujours vendre ce qu'on vou-

« dra, pourvu que ce ne soit pas nuisible, à con-
« dition de dire ce qu'on vend, de le dire d'une
« manière que les tribunaux apprécieront, par
« les indications, par les paroles, par les factures,
« à la condition d'avertir l'acheteur, à la condi-
« tion de ne pas le tromper, de ne pas commettre
« de fraude » (1).

119. — On s'est demandé s'il y avait délit de la part du marchand qui s'annonce comme vendant habituellement des substances ou boissons mélangées.

M. Riché, dans son rapport sur la loi de 1855, semble penser que cela peut être autorisé. « Si
« la marchandise, dit-il, est saisie avant qu'elle
« n'ait été vendue, on ne sera pas admis à pré-
« tendre qu'on aurait averti l'acheteur, à moins
« qu'une indication très-apparente et inséparable
« de la marchandise telle qu'on la vend n'en ré-
« vèle la composition véritable, ou qu'on ne fasse
« notoirement un commerce exclusif de matières
« mélangées » (2).

Nous approuvons complétement pour notre part

(1) Ainsi, il a été jugé que les blés vendus avariés à la criée pouvaient être revendus sur des marchés publics, après avoir été mélangés à d'autres grains de meilleure nature, si le vendeur déclarait à ses acheteurs la composition du mélange opéré.

(2) Voir à l'égard du fait de falsification, n° 73 bis.

cette opinion du rapporteur, conforme à l'esprit de la loi.

Pourquoi, en effet, ne pourrait-on pas vendre notoirement, par exemple, de la piquette composée, comme cela se pratique dans certaines villes du midi, de sucre, d'eau et de jus de raisin. Cela ne vaut-il pas mieux que de colorer le vin et d'y mêler une grande quantité d'alcool, ce qui amène souvent l'ivresse du consommateur.

Tout commerce est honnête, lorsqu'il est loyalement fait ; or il n'y a pas de déloyauté à faire ouvertement le commerce d'une substance ou d'une boisson mélangée ; ce ne peut être là une vente d'objet falsifié, car la falsification suppose la fraude dans le but de tromper l'acheteur, et ici l'acheteur n'est pas trompé, le vendeur annonçant que son commerce a pour objet des substances mélangées.

Autant il faut être sévère contre celui qui, poussé par la cupidité, cherche à tromper l'acheteur sur un mélange opéré, autant il faut se montrer indulgent pour celui qui annonce franchement la nature et la qualité de la marchandise qu'il vend.

Mais ces observations sont applicables, bien entendu, au cas seulement où le mélange annoncé n'est pas pernicieux. Tout mélange pernicieux devant être soigneusement exclu de la consommation, il n'est pas plus permis de le vendre ouvertement que secrètement.

120. — Remarquons que le délit de vente ou tentative de vente d'une substance alimentaire ou d'une boisson falsifiée ou corrompue, existe lors même que la vente de l'objet falsifié ou corrompu est prohibée. Ainsi celui qui vend une substance alimentaire en contrefaisant un produit breveté, celui qui vend un remède secret falsifié ou corrompu, etc., ne peut arguer, pour se disculper, de ce que la vente de ces objets lui était interdite. Nous avons déjà démontré, en parlant de la tromperie sur la nature de toute marchandise, que la justice ne pouvait consacrer un système de défense aussi profondément immoral (1).

121. — Le délit dont nous nous occupons existe quelle que soit d'ailleurs la forme de la vente. C'est ce que la Cour de cassation a décidé par un arrêt ainsi conçu : « Attendu que la prévenue a « été reconnue coupable d'avoir falsifié, par le mé- « lange d'un sixième d'eau, le lait qu'elle livrait « à la société fromagère de Crillat, dont elle est « membre ; — attendu que le jugement attaqué « décide qu'il y a vente de la part d'un des mem-

(1) Voir l'*Echo agricole* des 28 juin 1855 et 1er janvier 1856. (Revue mensuelle de jurisprudence.)

« bres de cette société, qui porte son lait à la « fromagerie commune pour être réduit en fro« mage, et que ce lait lui est même payé en argent « après la réception du produit de la fromagerie; « attendu que cette constatation des usages lo« caux qui, en l'absence de statuts écrits, échappe « à toute censure, justifie suffisamment la con« damnation prononcée. Rejette.... » (1).

C'est donc aux tribunaux à apprécier la question de savoir s'il y a vente.

122. — Nous avons eu dernièrement à examiner la question de savoir si le cultivateur qui emploie de mauvaises semences et porte sur le marché son blé mélangé d'ivraie, commet un délit de mise en vente de substances alimentaires falsifiées.

Nous ne le pensons pas. En effet, il n'y a pas falsification, puisque le mélange de l'ivraie au blé employé comme semence est le résultat fortuit de la nature.

Or, s'il n'y pas falsification, il ne saurait y avoir vente d'une substance alimentaire falsifiée.

D'ailleurs, il est facile pour l'œil le moins exercé, de reconnaître dans le blé la présence de l'ivraie.

Seulement nous trouvons qu'il y a là, de la part

(1) Arrêt du 5 janvier 1855. (Devil. et Car., 1855, 1, 310.)

du cultivateur, un manque de soin qu'il serait utile d'éviter dans l'intérêt de la production nationale.

Donner de mauvaises semences à la terre, c'est presque commettre un sacrilége, car c'est refuser à la nature la faculté de fournir en abondance ses admirables productions ; c'est la contraindre à donner de mauvais fruits, c'est arrêter la prospérité de l'agriculture, c'est nuire à la production et à la consommation par l'envoi sur les marchés de mauvaises substances alimentaires.

Il y a là une question d'intérêt général qui doit préoccuper les hommes spéciaux, et surtout les sociétés d'agriculture. Aujourd'hui le cultivateur peu aisé, ne voulant pas acheter cher des blés de semence, emploie, sans les trier, ses blés souvent mélangés d'ivraie. Le meilleur moyen d'arrêter le mal serait de prendre des mesures : soit pour trier les blés servant à la semence, soit pour vendre à bon marché de bons blés de semence. Le sol de la France est assurément trop riche pour que nous puissions nous contenter de productions médiocres (1).

(1) Voir dans l'*Echo agricole* du 25 mars dernier, cette opinion soutenue par M. A. Pommier.

SECTION DEUXIÈME.

POURSUITE ET RÉPRESSION DE CE DÉLIT.

SOMMAIRE.

N. 123. — En principe, il n'y a plus de poursuite possible après l'entrée de la marchandise dans les magasins de l'acheteur.
N. 124. — Exception à ce principe.
N. 125. — La vente d'une substance ou boisson falsifiée ou corrompue est un délit. — Conséquences.
N. 126. — Appréciation souveraine des tribunaux.
N. 127. — Ce délit peut donner lieu à une poursuite correctionnelle, sans qu'il y ait plainte de la partie lésée.
N. 128. — Pénalité. — Renvoi.
N. 129. — Interdiction du droit électoral.

123. — Avant d'examiner les dispositions relatives à la poursuite et à la répression du délit de vente de substances ou boissons falsifiées ou corrompues, nous croyons devoir poser un principe général qui doit dominer cette partie de notre travail, et qu'il est surtout important d'appliquer dans les procès en falsification de farines.

Nous voulons parler de l'impossibilité où doit, selon nous, se trouver l'acheteur, de poursuivre son vendeur pour falsification de la marchandise livrée, lorsque cette marchandise a été reçue par l'acheteur sans contestation (1).

(1) Voir n° 55.

Du moment où la marchandise est entrée sans protestation dans les magasins de l'acheteur, il n'y a plus de poursuite possible, la chose étant devenue la propriété de l'acheteur qui a pu la changer, la mélanger ou tout au moins la laisser dépérir.

Le prévenu doit, dans ces circonstances, dénier au vendeur tout droit de se plaindre, car il faut avant tout, dans l'intérêt de la morale publique, se prémunir contre les plaintes injustes des acheteurs mécontents de leurs marchés.

La loi a voulu protéger la santé publique contre une falsification éhontée, mais elle n'a pas entendu assurément fournir une arme à des acheteurs déloyaux qui ne cherchent dans une plainte que le moyen de se défaire d'un marché rendu désavantageux par une baisse subite à laquelle ils ne s'attendaient pas.

124. — Cependant il est un cas où la plainte pourrait être légitime et devrait être examinée, ce serait celui où la marchandise livrée étant plombée ou cachetée, serait, au moment de la poursuite, reconnue parfaitement intacte.

125. — La vente d'une substance ou d'une boisson falsifiée ou corrompue, constituant un délit, il n'y a de culpabilité que si, au fait matériel, vient se joindre l'intention mauvaise; c'est ce que nous avons déjà démontré en étudiant quels sont les caractères constitutifs de ce délit (1).

126. — Par la même raison, le délit dont nous nous occupons est laissé, comme les tromperies sur la quantité et la nature (2), à l'appréciation souveraine des tribunaux dont la décision échappe, par conséquent, à la censure de la Cour de cassation.

C'est ce qu'a formellement jugé cette dernière Cour, par un arrêt du 15 mai 1856, décidant : « que le jugement ou l'arrêt qui constate que les « blés vendus par le prévenu étaient corrompus, « et de nature à nuire à la santé publique, et, en « outre, que ce prévenu savait l'état dans lequel « se trouvaient ces blés, fait une appréciation « souveraine des faits qui justifie l'application « des peines de la loi du 27 mars 1851, et échappe « à la censure de la Cour de cassation. »

Cependant nous pensons, comme nous l'avons déjà dit (3), que la loi devrait exiger du juge l'énonciation des faits constituant, soit la falsification, soit la corruption.

(1) Voir n°s 116 et suivants.

(2) Voir n°s 27 et 53. — Voir aussi n° 94.

(3) Voir n° 95.

127. — Remarquons que le délit dont nous nous occupons peut donner lieu, comme les délits de tromperie sur la quantité et sur la nature à une poursuite correctionnelle, sans qu'il y ait plainte de la partie lésée (1).

128. — Le délit de vente des substances ou boissons falsifiées ou corrompues est frappé des mêmes peines que la tromperie sur la nature ; nous renvoyons donc aux applications que nous avons données à propos de ce dernier délit sur les pénalités de la loi de 1851. (Voir nos 56-62.).

129. — Nous avons seulement à faire remarquer qu'en cette matière, la condamnation à l'emprisonnement entraîne de plus interdiction du droit d'électeur, en vertu de l'art. 15, ainsi conçu, du décret du 2 février 1852 pour l'élection des députés au Corps Législatif : « Ne doivent pas « être inscrits sur les listes électorales... 14°.... « les individus condamnés à l'emprisonnement « par l'application de l'art. 1er de la loi du 27 « mars 1851. »

(1) Voir nos 28 et 54. — Voir aussi n° 96.

TITRE IV.

Texte des lois et décrets.

SOMMAIRE.

Code pénal, art. 423 et 424.
Loi du 27 mars 1851.
Décret du 14 septembre 1851.
Loi du 5 mai 1855.
Décret du 6 octobre 1855.

CODE PÉNAL.

Art. 423. — Quiconque aura trompé l'acheteur sur le titre des matières d'or et d'argent, sur la qualité d'une pierre fausse vendue pour fine, sur la nature de toutes marchandises... sera puni de l'emprisonnement pendant trois mois au moins, un an au plus, et d'une amende qui ne pourra excéder le quart des restitutions et dommages-intérêts, ni être au-dessous de cinquante francs. Les objets du délit, ou leur valeur, s'ils appartiennent encore au vendeur, seront confisqués; les faux poids et les fausses mesures seront aussi confisqués, et de plus seront brisés.

Art. 424. — Si le vendeur et l'acheteur se sont servis, dans leurs marchés, d'autres poids ou d'autres mesures que ceux qui ont été établis par l'État, l'acheteur sera privé de toute action contre le vendeur qui l'aura trompé par l'usage de poids ou de mesures prohibés; sans préjudice de l'action publique pour la punition, tant de cette fraude que pour l'emploi même des poids et des mesures prohibés.

---

27 MARS 1851 (LOI DU), TENDANT A LA RÉPRESSION PLUS EFFICACE DE CERTAINES FRAUDES DANS LA VENTE DES MARCHANDISES.

L'assemblée nationale a adopté la loi dont la teneur suit :

Art. 1er. — Seront punis des peines portées en l'article 423 du Code pénal :

1° Ceux qui falsifieront des substances ou denrées alimentaires ou médicamenteuses destinées à être vendues ;

2° Ceux qui vendront ou mettront en vente des substances ou denrées alimentaires ou médicamenteuses qu'ils sauront être falsifiées ou corrompues ;

3° Ceux qui auront trompé ou tenté de tromper sur la quantité des choses livrées, les personnes auxquelles ils vendent ou achètent ; soit par l'usage de faux poids ou de fausses mesures, ou d'instruments inexacts servant au pesage ou au mesurage ; soit par des manœuvres ou procédés tendant à fausser l'opération du pesage ou mesurage, ou à augmenter frauduleusement le poids ou le volume de la marchandise, même avant cette opération, soit, enfin, par des indications frauduleuses tendant à faire croire à un pesage ou mesurage antérieur et exact.

Art. 2. — Si, dans les cas prévus par l'article 423 du Code pénal ou par l'article 1er de la présente loi, il s'agit d'une marchandise contenant des mixtions nuisibles à la santé, l'amende sera de cinquante à cinq cents francs, à moins que le quart des restitutions et dommages-intérêts n'excède cette dernière somme; l'emprisonnement sera de trois mois à deux ans.

Le présent article sera applicable, même au cas où la falsification nuisible serait connue de l'acheteur ou consommateur.

Art. 3. — Sont punis d'une amende de seize francs à vingt-cinq francs, et d'un emprisonnement de six jours à dix jours, ou de l'une de ces deux peines seulement, suivant les circonstances, ceux qui, sans motifs légitimes, auront dans leurs magasins, boutiques, ateliers ou maisons de commerce, ou dans les halles, foires ou marchés, soit des poids ou mesures faux, ou autres appareils inexacts servant au pesage ou au mesurage, soit des substances alimentaires ou médicamenteuses qu'ils sauront être falsifiées ou corrompues.

Si la substance falsifiée est nuisible à la santé, l'amende pourra être portée à cinquante francs et l'emprisonnement à quinze jours.

Art. 4. — Lorsque le prévenu convaincu de contravention à la loi présente ou à l'article 423 du Code pénal, aura, dans les cinq années qui ont précédé le délit, été condamné pour infraction à la présente loi ou à l'article 423, la peine pourra être élevée jusqu'au double du maximum; l'amende prononcée par l'article 423 et par les articles 1 et 2 de la présente loi, pourra même être portée jusqu'à mille francs, si la moitié des restitutions et dommages-intérêts n'excède pas cette somme; le tout, sans préjudice de l'application, s'il y a lieu, des articles 57 et 58 du Code pénal (1).

Art. 5. — Les objets dont la vente, usage ou possession constitue le délit, seront confisqués, conformément à l'article 423 et aux articles 477 et 481 du Code pénal (2).

S'ils sont impropres à cet usage ou nuisibles, les objets seront détruits ou répandus, aux frais du

(1) Art. 57. Quiconque ayant été condamné pour un crime, aura commis un délit de nature à être puni correctionnellement, sera condamné au maximum de la peine portée par la loi, et cette peine pourra être élevée jusqu'au double.

Art. 58. Les coupables condamnés correctionnellement à un emprisonnement de plus d'une année, seront aussi, en cas de nouveau délit, condamnés au maximum de la peine portée par la loi, et cette peine pourra être élevée jusqu'au double; ils seront de plus mis sous la surveillance spéciale du gouvernement pendant au moins cinq années, et dix ans au plus.

(2) Art. 477. Seront saisis et confisqués... ; 2° les boissons falsifiées, trouvées appartenir au vendeur et débitant ; ces boissons

condamné. Le tribunal pourra ordonner que la destruction ou effusion aura lieu devant l'établissement ou le domicile du condamné.

Art. 6. — Le tribunal pourra ordonner l'affiche du jugement dans les lieux qu'il désignera, et son insertion intégrale ou par extrait dans tous les journaux qu'il désignera, le tout aux frais du condamné.

Art. 7. — L'article 463 du Code pénal sera applicable aux délits prévus par la présente loi (1).

Art. 8. — Les deux tiers du produit des amendes sont attribués aux communes dans lesquelles les délits auront été constatés.

Art. 9. — Sont abrogés, les articles 475 § 14, et 479 § 5 du Code pénal (2).

seront répandues... ; 4° les comestibles gâtés, corrompus ou nuisibles ; ces comestibles seront détruits.

Art. 481. Seront, de plus, saisis et confisqués : 1° les faux poids, les fausses mesures, ainsi que les poids et les mesures différents de ceux que la loi a établis.

(1) Art. 463. Dans tous les cas où la peine de l'emprisonnement et celle de l'amende sont prononcées par le Code pénal, si les circonstances paraissent atténuantes, les tribunaux correctionnels sont autorisés, même en cas de récidive, à réduire l'emprisonnement même au-dessous de six jours, et l'amende même au-dessous de seize francs ; ils pourront aussi prononcer séparément l'une ou l'autre de ces peines, et même substituer l'amende à l'emprisonnement, sans qu'en aucun cas elle puisse être au-dessous des peines de simple police.

(2) L'art. 475 § 14 punissait, comme contravention, d'une

14 SEPTEMBRE 1851. — DÉCRET PRESCRIVANT LA PROMULGATION, EN ALGÉRIE, DE LA LOI DU 27 MARS 1851.

Le président de la République.

Vu la loi du 27 mars 1851 tendant à la répression plus efficace de certaines fraudes dans la vente des marchandises; — Considérant qu'il importe de rendre applicables à l'Algérie les dispositions de ladite loi, en vue de réprimer les fraudes, notamment dans la préparation des substances et denrées alimentaires ou médicamenteuses; — Sur le rapport du ministre de la guerre.

Décrète : — Art. 1er La loi du 27 mars 1851, tendant à la répression plus efficace de certaines fraudes dans la vente des marchandises, sera promulguée en Algérie, et rendue applicable dans la colonie à partir de cette promulgation.

Art. 2. Le ministre de la guerre est chargé, etc.

5 MAI 1855. — LOI QUI DÉCLARE APPLICABLES AUX BOISSONS LES DISPOSITIONS DE LA LOI DU 27 MARS 1851.

Art. 1er. Les dispositions de la loi du 27 mars 1851 sont applicables aux boissons.

amende de 6 à 10 fr., le fait d'exposer en vente des comestibles gâtés, corrompus ou nuisibles, et l'art. 479 § 5 punissait, également comme contravention, mais d'une amende plus forte (de 11 à 15 fr.), le fait de la part d'un marchand, d'avoir de faux poids ou de fausses mesures dans ses magasins, boutiques, ateliers ou maisons de commerce, ou dans les halles, foires ou marchés.

Art. 2. L'art. 318 et le n° 6 de l'art. 475 du Code pénal sont et demeurent abrogés (1).

---

6 OCTOBRE 1855. — DÉCRET PRESCRIVANT LA PROMULGATION, EN ALGÉRIE, DE LA LOI DU 5 MAI 1855.

Napoléon :

Vu le décret du 14 septembre 1851 qui rend exécutoire en Algérie la loi du 27 mars 1851, tendant à la répression plus efficace de certaines fraudes dans la vente des marchandises.

Vu la loi du 5 mai 1855, qui déclare applicables aux boissons les dispositions de la loi du 27 mars 1851.

Sur le rapport......

Avons décrété......, Art. 1er. La loi du 5 mai 1855 est déclarée exécutoire en Algérie et y sera promulguée à la suite du présent décret.

Art. 2. Notre ministre.......

(1) L'art 318 punissait, comme délit, d'un emprisonnement de six jours à deux ans, et d'une amende de 16 fr. à 500 fr., le fait d'avoir vendu ou débité des boissons falsifiées, contenant des mixtions nuisibles à la santé. — L'art. 475 § 6 punissait, comme simple contravention, d'une amende de 6 à 10 fr., le fait d'avoir débité ou vendu des boissons falsifiées, mais ne contenant pas de mixtures nuisibles à la santé.

FIN.

BIBLIOTHÈQUE IMPÉRIALE

TABLE DES MATIÈRES.

TITRE PREMIER.

TROMPERIE SUR LA QUANTITÉ DE TOUTES MARCHANDISES.

TITRE II.

TROMPERIE SUR LA NATURE DE TOUTES MARCHANDISES.

TITRE III.

FALSIFICATIONS ET CORRUPTION DE DENRÉES OU SUBSTANCES ALIMENTAIRES OU MÉDICAMENTEUSES ET DE BOISSONS.

TITRE IV.

TEXTE DES LOIS ET DÉCRETS.

IMPR.

FIN DE LA TABLE DES MATIÈRES.

www.ingramcontent.com/pod-product-compliance
Ingram Content Group UK Ltd.
Pitfield, Milton Keynes, MK11 3LW, UK
UKHW022100190726
13855UKWH00002B/559

9 782013 021326